성공하려면
습관을 바꿔라

# 성공 하려면

## SUCCESS HABIT 〜〜 이범준 역음

# 습관을 바꿔라

## 자신의 습관이 인생을 바꾼다

**매월당**
MAEWOLDANG

# 평소의 습관만큼 중요한 것은 없습니다

평소의 좋은 습관이 자신의 인생을 올바르게 인도한다는 생각에는 누구나 찬성하리라 믿습니다. 그러나 습관이란 누군가가 그냥 가져다 주는 것이 아닙니다. 늘 자신을 돌아보며 반성하고, 그에 맞는 노력을 해야지만 내 것이 됩니다.

늘 웃는 모습을 상상해 보십시오. 그의 웃는 모습은 전염병처럼 이웃을 웃게 하고, 힘든 일도 힘든 줄 모르고 헤쳐 나갈 수 있는 힘을 줍니다. 언제나 얼굴이 우울한 사람은 옆사람의 기분까지 우울하게 만듭니다. 우리 주위의 누군가가 찡그린 얼굴로 앞에 앉아 있다면 함께 있는 것이 고문과도 같을 것입니다. 그러므로 습관이란 자신의 이미지와 같은 것입니다.

좋은 이미지를 만들어 내고 가꾸어 나갈 때 우리는 언제나 환영을 받습니다. 함께 일하기를 원하고, 함께 식사하고 대화하기를 원합니다. 그럴 때 우리는 행복이란 단어를 사용할 수 있습니다. 누구나 원하는 사람이라서 행복하다는 것은 아닙니다. 자신의 이미지를 훌륭하게 가꾸어 가는 사람은 그만큼 노력하는 사람이고, 자신의 일에도 남다른 애정을 가지고 있는 사람입니다. 어떠한 일을 하든 애정이 없다면, 일하는 것 자체가 고문일 것입니다. 그러나 애정과 노력은 언제나 그만한 보상을 가져다 줍니다. 그것이 행복이라는 것이지요.

꿈은 누구나 꿀 수 있는 것이지만, 그 꿈을 성공으로 이끄는 것은 성실한 습관입니다. 아무도 내 인생을 대신 살아 주지는 못합니다. 자신의 습관만이 자신을 책임질 수 있습니다.

상대방을 대하는 요령, 말하는 태도, 노력하는 모습, 그 무엇 하나 중요하지 않은 것이 없습니다. 아무리 하찮게 보이는 습관일지라도 우리가 생각지도 못할 만큼 커다란 영향력을 행사하기도 합니다. 미소 하나로 어마어마한 상속을 받은 사람도 있으니까요.

누구나 행복하고 싶고, 성공하고 싶으며, 좋은 대인 관계를 유지하고 싶어합니다. 상상이나 공상이 아닌 현실에서의 만족을 원하고 있습니다. 그런 꿈을 가진 사람은 언젠가는 그 꿈을 이룰 수 있습니다. 그러기에는 진심에서 우러나오는 노력이 필요할 것입니다. 이제껏 성공했다고 하는 사람들의 공통점이 자신에 대한 아낌없는 투자였다는 점을 생각하면, 지금부터라도 시작해야 되지 않을까요? 꿈을 현실로 끌어들이십시오. 당신의 성공과 행복이 멀지 않았습니다.

엮은이 씀

## 차 례

책머리에 ………………………………………………… 4

### 제1장 성공은 좋은 습관에서 나온다

올바른 삶의 철학을 가져라 …………………………… 12

　　아랫사람의 말에 귀를 기울여라 ………………… 16

'할 수 있다'는 자신감을 가져라 …………………… 19

꿈을 현실로 만들어라 ………………………………… 26

　　꿈을 실현하는 네 단계 …………………………… 28

기회는 앞에서 잡아야 한다 ………………………… 34

사소한 발견을 놓치지 마라 ………………………… 39

　　상상력의 소재는 무궁무진하다 ………………… 42

　　상상력은 '발견'에서 시작된다 ………………… 47

행복은 일하는 시간 속에 있다 ……………………… 51

매사에 공정하라 ……………………………………… 56

당당하게 자신의 장점을 부각시켜라 ……………… 60

실패를 스스로 인정하라 ……………………………… 64

천재는 유전이 아니라 노력이다 …………………… 70

미소 뒤에는 성공이 따른다 ………………………… 76

## 제2장 대인 관계도 습관이다

위대한 세일즈맨 마르코 폴로의 성공 비결 ················· 82
    비즈니스맨을 위한 교훈 ························· 86
약점 뒤엔 장점이 숨어 있다 ······················· 89
    다른 사람을 함부로 판단하지 마라 ··············· 93
    상대방을 '두 번 기쁘게' 하지 마라 ··············· 94
주목받고 싶다면 먼저 남을 주목하라 ················· 97
    쇼맨십을 활용하라 ·························· 100
    '우정' 이라는 대원칙에 충실하라 ················ 105
다른 사람의 협력을 유도하라 ······················ 109
    소속감을 이용하라 ·························· 112
친절한 사람이 성공도 빠르다 ······················ 116
사람의 마음을 여는 기술 ························· 121
    취미를 공유하라 ··························· 121
    당신의 진짜 얼굴을 찾아라 ···················· 122
    남들보다 많은 정보를 보유하라 ················· 124
    생동감 있는 화법을 사용하라 ·················· 125
    타인의 이야기를 들을 때는 기꺼운 마음을 가져라 ······ 127

## 제3장 효과적인 대화로 남을 나에게 끌어들여라

친구와 쉽게 절교하는 일곱 가지 비결·················· 130
논쟁은 피하고 실리를 추구하라 ··················· 135
　승리에 집착하지 마라 ···················· 137
　가급적 빨리 상대방의 장점을 칭찬하라 ············ 142
듣기 좋은 표현으로 상대를 설득하라 ············ 144
　상대방이 친밀감을 느낄 수 있는 말을 하라 ········· 147
상대방의 반대에 어떻게 대처할 것인가 ··········· 152
　반대는 관심의 다른 표현이다 ··············· 152
　상대가 쉽게 동의하면, 일단 그 진심을 의심하라 ······· 154
　상대방이 대화의 주인이라고 생각하라 ············ 155
　반대가 너무 강하면, 잠시 대화를 중단하라 ········· 158
　'반대를 위한 반대'에는 뭔가 다른 원인이 숨겨져 있다 ··· 159
농담의 중요성을 인식하라 ················· 163
　농담의 원칙을 지켜라 ··················· 167
때로는 적극적인 거짓말도 필요하다 ············ 171
　자신을 돋보이게 만들라 ················· 174
　좋은 대화 상대가 되도록 노력하라 ············ 176

## 제4장 성공은 그것을 관리하는 사람의 것이다

스스로 인생의 주체가 되어라 ················· 180

큰 소리로 자신의 성공을 외쳐라 ················· 185

생각의 방향을 바꿔라 ················· 191

성공한 사람들과 교류하라 ················· 197

나이가 아니라 당신의 '업무 능력'을 판매하라 ··········· 203

　　당신의 나이가 아니라 능력을 팔아라 ············ 209

능률적으로 일하라 ················· 213

　　먼저 주고 나중에 받아라 ············· 215

　　즐겁게 일하라 ················· 218

건강을 잃으면 전부를 잃는 것이다 ············· 220

오늘 하루를 마지막 날처럼 생각하라 ············ 224

승진하고 싶으면 기대 이상의 것을 실천하라 ········· 227

　　자기 자리를 보장받는 세 가지 원칙 ············ 229

　　원망은 비싼 대가를 요구한다 ············· 231

빠르게 출세하기 위한 여섯 가지 비밀 ············ 236

　　이기주의를 극복하라 ················· 240

양심의 바탕 위에 지식을 쌓아라 ················· 243

성공을 관리하라 ················· 247

　　친구를 만드는 다섯 가지 말 ··············· 250

　　친구를 잃는 세 가지 말 ················· 251

chapter **1**

# 성공은
# 좋은 습관에서 나온다

## 올바른
## 삶의 철학을 가져라

조지 믹슨이라는 사람은 집에 갈 돈이 없어 친구에게 1달러를 빌려야 했던 일이 있었다. 하지만 그는 불과 몇 년 후 백만장자가 되어 그 1달러를 빌려 주었던 친구에게 백만 달러의 거금을 사례할 수 있었다. 차비가 없어 친구들의 도움을 받아야 했던 그가 불과 몇 년 만에 성공한 부자가 되었던 것이다.

과연 그의 성공 비결은 무엇이었을까?

조지는 현재 지역 상공회의소의 대표이며, 여러 단체의 명예이사로 활동하고 있다. 그의 주된 사업은 건설업이며, 한적한 교외지역에 슈퍼마켓을 중심으로 쇼핑몰을 건설하는 것이 주력 상품이다. 이를테면 은행이나 대형 식료품 코너 등 온갖 종류의 체인스토어가 하나의 건물 속에서 함께 영업할 수 있는 건물을 지어서 팔고 있는 것이다.

조지는 이 분야에서는 누구나 인정하는 전문가다. 그렇지만 그는 불과 몇 해 전만 해도 보잘것없는 빈털터리였다. 그는 배우려는 의욕은 대단했지만, 건물을 짓는다든가 기계를 조작하는 것에 대해서는 전혀 문외한이었다. 어쨌든 그의 부인과 몇몇 채권자들은 조지의 그런 점을 높이 샀다. 그들은 조지를 부추겨 늪지에서 가까운 곳에 있는 10에이커(1만 평 이상) 가량의 땅을 헐값에 구입하게 했다. 처음에 주변 사람들은 모두들 그가 쓸모없는 늪지를 샀다며, 드디어 정신이 나간 모양이라고 수군댔다.

하지만 조지는 그 땅에 '늪지의 초원'이라는 멋진 이름을 붙여, 샀던 값의 몇 배를 받고 다른 사람에게 땅을 되팔 수 있었다. 막대한 돈이 굴러 들어왔다. 그는 다시 많은 땅을 사서, 그것도 이익을 남기고 팔아치웠다.

얼마 후 조지는 자신이 건설에 숨겨진 재능을 갖고 있다는 사실을 알게 되었다. 곧이어 자신의 판단대로 새로운 사업들을 추진해 나갔다. 그는 먼저 자기 땅 가까운 곳에 쇼핑몰이 필요할 거라는 판단이 들었다. 그리고 곧장 아이디어를 실현에 옮겼다. 그리하여 조지는 마침내 성공할 수 있었던 것이다.

조지 믹슨은 자신의 성공 비결에 대해서 이렇게 말했다.

"아마도 누구나 다 그럴 겁니다만, 나도 열심히 일을 했지요. 그리고 성공해서 꼭 많은 돈을 벌어들이고야 말겠다는 오기, 성공한 건설업자가 되고 싶다는 꿈을 포기하지 않는 집념, 바로 이런 게 내 성공의 비결이었지요."

무엇보다 중요한 것은 주변의 친구들로부터 얻은 교훈이었다고 한다.

"누가 무슨 사업을 하고 있다 싶으면, 사람들은 누구나 자기도 그런 것쯤은 잘할 수 있다고 생각하고 이래라저래라 간섭을 하려 듭니다. 막상 직접해 보면 사소한 성과는 있을지 모르지만 망할 게 뻔한 걸 알면서도 말입니다. 그러다 보면 결국은 친구를 잃게 되는 것이지요. 상대방을 쓸데없이 경쟁자로 만들어 버렸기 때문에 말이에요."

그의 말을 곰곰이 되새겨 보면 당신도 얼굴이 조금은 붉어지는 기억이 떠오를 것이다. 어쩌면 오늘 아침에도 당신은 어떤 친구의 일에 관해 이러쿵저러쿵 조언을 늘어놓았을지도 모르기 때문이다. 친구는 어색한 웃음으로 힘없이 고개를 끄덕였을 것이다. 그는 잘 되기를 바라는 뜻에서 충고를 했던 당신의 마음을 조금도 기쁘게 받아들이지 않고 있는 것이다.

어쨌든 조지가 사업을 하면서 가장 중요하게 생각했던 문제 가운데 하나가 바로 친구를 관리하는 것이었다고 한다. 적당한 선에서 친구의 지나친 간섭을 배제함으로써 우정을 잃지도 않고, 친구들에게 너무 기대려고도 하지 않았다. 일례로 그는 돈을 꿀 때도 친구들에게는 집에 돌아갈 차비 이상은 빌리지 않았다고 한다.

"돈을 빌리기 위해 은행 문을 들어설 때는 조금도 창피스럽지 않았지만, 상대가 친구라면 몹시 조심스러웠습니다. 친한 사이일수록 돈 문제는 신중해야 된다고 생각했거든요."

실제로 그는 불가피한 경우가 아니면 친구 앞에서 돈 이야기를 꺼내지 않는 것을 철칙으로 삼았다.

조지 믹슨의 성공 요인을 분석해 보면, 그 밖에도 아주 흥미로운 것들이 많다. 그 중에 특히 친구를 만드는 데 있어서 각별하게 생각했던 문제들은 겉으로는 사소해 보인다 해도 사실은 매우 중요한 의미를 갖고 있다.

"난 가능한 한 사업상 도움이 되는 모임에 가입합니다."

그는 그 지방의 여러 가지 명예직을 기꺼이 자청했으며, 숱한 교회의 모금 운동에도 적극적으로 앞장섰다. 그렇다고 그가 사업상 친분을 이용하기 위해 친구를 사귀었다는 뜻은 아니다. 그는 언제나 진심으로 이웃을 위해 뛰어다녔다. 그리고 그는 '짐을 날

라 주겠다고 자청한 이상 무겁다고 투덜대지 마라.'는 삶의 철학
에 따라 자신의 봉사에 대하여 한 번도 불평을 한 적이 없었다.

'안주인 곁에 앉게 되면 항상 음식을 맛있게 먹어야 하고, 바깥
주인이 곁에 앉게 되면 술을 잘 마셔야 된다.'

그는 다른 사람과 항상 좋은 친구로 남을 수 있는 비결을 터득
하고 있었다. 상대방에 대한 배려가 그것이다. 늘 상대방의 입장
을 먼저 생각함으로써 우정을 지속시키는 것이다. 그는 새 친구를
사귀는 것 못지않게, 언제나 처음처럼 기왕의 우정을 중요시했던
것이다.

## _ 아랫사람의 말에 귀를 기울여라

석가모니의 가르침 가운데 이런 말이 있다.

"자기 집에서 지혜를 발견할 수 없다면, 밖에서도 살 수 없다."

당신 주변의 보잘것없는 사람들이 하는 말에도 귀를 기울일 줄
알아야 한다. 명망 있는 집안 출신이 아니라고 해서 당신을 가르
칠 수 없다고는 생각하지 마라.

비록 정원사이기는 해도, 퍼트가 아니면 누가 이렇게 멋있는 말
을 생각해 낼 수 있었을까?

"하느님께 빌고 악마를 화나게 하지 않는다면, 당신도 천국으로 갈 수 있을 것이다."

그는 또 이런 말을 한 적이 있다.

"굶주린 사람은 먹는 것밖에 생각하지 못한다."

어딘지 모르게 소크라테스의 말과 비슷한 구석이 있지 않은가? 퍼트가 일하고 있는 집의 주인은 자신의 친구에게 우연한 기회에 이 말을 써먹게 되었다. 친구는 그 말을 한 사람이 누구냐고 물었지만, 집주인은 그 말의 장본인이 정원사라는 이야기는 할 수 없었다. 아무튼 그 친구는 퍼트가 했던 말을 무심코 흘려듣지 않았고, 덕분에 면접 때에 멋지게 써먹어서 취직까지 하게 되었다.

"저는 굶주려 있기 때문에 먹는 것밖에 생각할 줄 모릅니다. 그러니 당신이 이제껏 면접한 영양 만점의 사람들에 비하면 저야말로 뛰어난 식품 광고를 쓸 수 있는 가장 적임자라고 생각되지 않습니까?"

광고 회사 사장 앞에서 친구가 했던 말이다.

중요한 것은 처지가 자신보다 못 하다고 해서 다른 사람을 업신여기지 말라는 것이다. 만약 나중에 그들과 다시 만났을 때는 당신보다 훨씬 크게 성공한 사람이 되어 있을지도 모르는 일 아닌가.

**항상 좋은 친구로 남을 수 있는 비결**

언제나 진심으로 이웃을 위해 뛰어다녀라. 그리고 짐을 날라 주겠다고
자청한 이상 무겁다고 투덜대지 마라. 안주인 곁에 앉게 되면 항상 음
식을 맛있게 먹어야 하고, 바깥주인이 곁에 앉게 되면 술을 잘 마셔야
된다. 늘 상대방의 입장을 먼저 생각하라.

## '할 수 있다' 는 자신감을 가져라

    미국의 유명한 월간지 〈가이드 포스트〉 지가 오늘날까지 세계인들의 사랑을 받으며 존재하는 이유는, '할 수 있다.' 는 말 한 마디 때문이었다. 이 잡지를 기획하고 발간한 이는 뉴욕 마블 컬레지에트 교회의 빈센트 필 박사이다. 이 잡지는 발간 초창기부터 무수한 난관을 겪었고, 많은 사람들이 실패를 예견했었다.

    한 번은 건물이 불에 타 버리기도 했고, 또 인쇄비를 지불하지 못해 6주간 휴간하기도 했다. 그런데도 이 잡지는 어떻게 그 많은 위기를 넘기게 되었을까?

    〈가이드 포스트〉 지는 잡지에 관해 문외한이었던 빈센트 필 박사와 사업가 레이몬드 존버그에 의해서 시작되었다. 이들은 잡지를 만든 경험이 전혀 없는 문외한들이었다. 게다가 처음 잡지 발간을 기획했던 시기도 한창 제2차 세계대전이 진행 중인 전시였다. 1945년 우여곡절 끝에 창간호가 나왔으나 새로운 기획을 모색하지 않으면 안 되었다. 창간호는 4페이지씩 포켓판 크기로 만들었는데, 사람들은 그것을 휴짓조각으로 취급할 뿐이었다.

편집 전문가의 역할이 절실히 필요했지만 채용할 돈이 없었다. 그나마 18개월 간 10번을 발행하여 우편으로 발송했다는 것만도 기적으로 생각될 정도였다.

모두들 우려의 눈길을 보내지 않을 수 없었다. 그럼에도 그들은 거듭되는 실패와 시행 착오로부터 많은 경험을 터득할 수 있었고, 드디어 광고와 영업에 경험이 많은 프레드 데커라는 전문가를 고용할 수 있게 되었다. 그러나 애석하게도 두 달 만에 사무실이 불타 버렸다. 불타지 않은 것은 정기 구독자 명단뿐이었다.

〈가이드 포스트〉지의 구성 멤버인 네 사람 - 필 박사, 존버그, 프레드 데커, 그리고 렌 그소우드는 폐허가 되다시피 한 편집실 구석에 모였다. 내부가 대부분 타 버린 사무실은 한 마디로 비참할 지경이었다. 그들은 난감했으나 누구도 포기하지 않았다. 왜냐하면 필 박사의 의견에 충분히 동감했기 때문이다.

"우리는 그동안 독자들에게 어떤 상황에서든 그것을 뚫고 나갈 수 있다는 믿음만 확실히 가지면 불가능할 것이 없다고 주장해 왔소. 그런데 지금 우리는, 우리가 과연 이 같은 주장을 스스로 실천하고 있는가를 반성해야 할 것이오. 아직 우리에겐 일부이긴 하지만 구독자 명단이 있소. 불길 속에서 건져진 우리의 희망이 있단 말이오."

화재는 여러 면으로 〈가이드 포스트〉 지에 이득을 가져다 주었다. 로웰 토머스는 자신의 라디오 방송을 통해 화재 소식을 알려, 정기 구독자들에게 주소와 이름을 다시 보내 달라고 부탁했다. 그러자 많은 구독자들이 다시 등록에 응해 주었으며, 새 구독자도 생겼다. 〈리더스 다이제스트〉 지에서도 이 잡지사에 화재가 났다는 사실을 보도해 주었다. 그 밖에도 많은 사람들이 도움의 손길을 뻗쳤다. 그들은 성금과 물품들을 보내왔다. 결국 그러한 주위의 성원에 힘입어 〈가이드 포스트〉 지는 다시 출발했다.

〈가이드 포스트〉 지는 잡지라기보다는 리플릿 형식의 낱장 인쇄문으로, 매달 8페이지짜리를 4페이지씩 둘로 나누어서 발간했다. 그런데 또다시 여러 면에서 큰 손실이 쌓여 10개월도 채 안 되어 매우 심각한 재정난에 휩싸이게 되었다.

1948년 5월, 인쇄소는 어음을 발행해 주지 않으면 다음 달 호를 인쇄해 주지 않겠다고 통보해 왔다. 이것은 화재보다도 더욱 심각한 문제였다.

그 당시 잊을 수 없는 일이 일어났다. 〈가이드 포스트〉 지에 관심을 가진 12명의 사람들이 필 박사와 자리를 함께했다. 그들은 한 시간 동안 〈가이드 포스트〉지의 채무에 관련된 어려운 문제들을 토의했다. 그 자리에서 듀라크 부인은 거침없이 이렇게 말했다.

"여러분들이 안고 있는 가장 큰 문제는 여러분들이 궁핍하다고 생각하는 것입니다."

그녀는 참석자들에게 자신의 의도가 정확하게 전달되었는지를 확인하기라도 하려는 것처럼 다시 한 번 덧붙여 말했디.

"여러분들의 생각이 부정적이라는 말입니다. 여러분들은 〈가이드 포스트〉지의 힘찬 도약과 가능성을 믿기보다는 문제점과 걱정거리에 억눌려 있습니다. 여러분은 큰 이상을 가지고 있습니다. 세상 사람들은 그 이상을 필요로 합니다. 여러분 모두는 성실한 분들입니다. 그런데도 자신들이 하고 있는 일을 철저히 믿지 못하고 있다는 점이 바로 문제입니다."

그녀의 말은 참석자들을 감동시켰고, 그들의 사고 방식을 새로이 무장시켜 주었다. 바로 이 좌담이 〈가이드 포스트〉지의 전환점이 되었던 것이다. 좌담이 끝난 후 재정에 관한 사업 계획을 전면 수정했고, 8페이지에 불과했던 인쇄물을 24페이지짜리 잡지로 바꿀 것도 의결하게 되었다.

그 후 〈가이드 포스트〉지는 놀랍게도 사업가들로부터 좋은 반응을 얻었다. 이들은 종교와 철학을 통해 개인적으로 도움을 얻을 수 있는 실질적인 방법을 찾고 있었다. 그 결과, 많은 기업들이 자기 회사의 직원들을 위해서 〈가이드 포스트〉지를 구독했다.

이처럼 〈가이드 포스트〉지의 발전은 독자들의 영적인 발전과 비례한 것이다. 많은 사람들이 처음에는 실질적인 확신 없이 출발했으나, 이제는 진정한 확신을 얻게 되었다. '신념은 산을 움직일 수 있다.'는 진리를 깨닫게 해 준 예로써 〈가이드 포스트〉지의 성공 사례는 두고두고 세인들의 귀감이 되고 있다.

물론 창립 이후 〈가이드 포스트〉지의 경영이 독자적으로 이루어지기까지는 많은 경영진들의 노력과 시간이 필요했다. 그러나 그들은 모든 장애와 경쟁업체들의 방해에도 불구하고, 그들의 이상과 메시지를 대중에게 전달하기 위해 힘썼다. 언젠가는 성공할 것이라는 신념을 잃지 않았던 것이다.

우리는 다른 사람들의 경험과 삶의 그 다양한 성공의 무대 뒤를 바라볼 필요가 있다. 성공의 무대는 마치 그들이 노력이나 투쟁 없이도 목적에 도달한 것같이 보인다. 그러나 진실로 성공은 쉽게 얻어지는 것이 아니다. 항상 성공의 주변을 따라다니며 그것을 위태롭게 하려는 문제들이 도처에 깔려 있기 때문이다.

'나는 할 수 있다.'는 가능의 철학은 신념을 하늘에 두고 기다리기만 하는 것이 아니다. 〈가이드 포스트〉지의 편집자는 단순히 성공하기를 원했기 때문에 성공한 것은 아니었다. 오류를 발견하고 그것을 과감하게 제거했기 때문에 성공한 것이다. 뒤집어서 생각해 보자. 잘못을 발견하고도 그것을 고치거나 제거하지 않는다면, 그 잘못은 큰 손실을 가져다 줄 것이다.

할 수 있다는 태도를 항상 유지하는 것이 곧 불굴의 정신이다. 이것이 성공의 철학이다. '나는 불가능하다.'는 것은 실패의 지름길이다. 불가능하다는 말은 이제 당신 두뇌에서 삭제하라. 그렇게 할 때 비로소 새롭고 적극적인 생각이 당신을 대신하게 된다.

현재 당신이 처한 상황이 아무리 어렵더라도 할 수 있다는 자세로 대처할 때 상황은 개선되고, 필요로 하는 생각과 도움을 줄 사람들이 나타나게 된다.

'나는 할 수 있다.'는 자세로 노력하라. 그러면 당신은 이미 성공이라는 보물을 손에 거머쥐고 그 성공과 함께 뛰고 있는 것이나 마찬가지이다.

**신념은 산을 움직일 수 있다**

할 수 있다는 태도를 항상 유지하는 것이 곧 불굴의 정신이다. 이것이 성공의 철학이다. '나는 불가능하다.'는 것은 실패의 지름길이다. 불가능하다는 말은 이제 당신의 두뇌에서 삭제하라. 그렇게 할 때 비로소 새롭고 적극적인 생각이 당신을 대신하게 된다. 현재 당신이 처한 상황이 아무리 어렵더라도 할 수 있다는 자세로 대처할 때 상황은 개선되고, 필요로 하는 생각과 도움을 줄 사람들이 나타나게 된다. '나는 할 수 있다.'는 자세로 노력하라. 그러면 당신은 이미 성공이라는 보물을 손에 거머쥐고 그 성공과 함께 뛰고 있는 것이나 마찬가지이다.

# 꿈을
# 현실로 만들어라

희망은 그 사람의 미래에 대한 야심이며, 삶의 지표이다. 더욱이 불확실한 인간의 삶을 윤기 있게 해 주는 활력의 원천이다. 세계적으로 성공한 인사들은 대부분 꿈을 현실로 실현시킨 사람들이다. 그들은 먼저 공상을 했고, 그 공상에 삶의 초점을 맞춤으로써 사랑과 부와 명성이라는 열매를 거두었다.

찰리 E. 윌슨은 주급 7달러의 가난한 직공에 지나지 않았다. 하지만 어릴 때부터 원대한 꿈을 가졌던 덕택에 제너럴일렉트릭 회사의 사장이 될 수 있었다.

일리노이 센트럴 철도의 전(前) 사장은 젊었을 때는 버스 정류장의 청소부에 불과했다. 하지만 언젠가는 자기 고장의 운송 시장에서 일인자가 되리라 마음을 먹었고, 마침내 그것을 실현시켰다. 공상에 불과할지도 모르는 꿈이야말로 당신을 성공의 사다리로 올려 주는 가장 강력한 배경이 되는 것이다.

힐턴은 평소 월돌프 아스토리아 호텔을 자기의 소유로 만드는 공상을 했다. 그리하여 훗날 그 호텔의 진짜 주인이 되었다. 콜럼버스도 공상을 했고, 마젤란도 그러했다. 그리고 당신 고향의 유지들도 현재의 위치에 오르기 전까지 미래에 대한 확실한 꿈이 있었다. 이루어지지 않았을 땐 공상에 지나지 않지만, 꿈을 간직한 덕에 그것을 현실로 일궈낼 수 있었던 것이다.

공상은 누구나 할 수 있다. 그것은 결코 어느 특정한 사람의 전유물이 아니다. 꿈을 꿀 권리가 누구에게나 있는 것처럼 공상을 실현할 기회도 모든 사람이 공평하게 가진다. 좋은 예가 있다.

어느 날 오후, 투우장에서 사람이 죽어 나갔다. 경기를 하던 중 성난 황소의 발길에 채여 목숨을 잃게 된 것이다. 마침 그 무렵 스페인 최고의 투우사가 되는 꿈을 삶의 목표로 삼고 있던 후앙 베르몬트라는 젊은이가 있었다. 베르몬트는 사고 소식을 듣고 당황할 수밖에 없었다.

사실 그는 투우사가 되기에는 신체 조건이 상당히 불리한 처지였기 때문이다. 투우사로서 가장 중요한 다리 근육이 신통치가 않았던 것이다. 그의 다리는 몸무게가 2천 파운드나 되는 사나운 소의 공격을 교묘히 비켜 나갈 수 있을 만큼 재빠르지가 않았다. 그러나 그는 여기서 꿈을 포기하지 않았다.

그는 자신의 부실한 다리 앞으로 소를 지나치게 하는 테크닉을 연구하기 시작했다. 그리하여 마침내 '뮤레타'라고 불리는 붉은 천 조각을 사용해서 소를 다루는 테크닉을 창안해 냈다. 오늘날 뮤레타는 투우 경기의 보편적 소품이 되었다. 덕분에 이전의 경기 방식이었던 맨몸으로 소를 뛰어넘는 묘기 따위는 관중들의 야유의 대상이 되어 버렸다.

베르몬트는 그의 '신통치 않은 다리'로 모범적인 투우사의 상징이 되었다. 몸은 완전하지 않았지만, 그는 투우 경기의 전설이 될 만큼 자신의 꿈을 확실하게 실현시켰다. 당신이라고 해서 그것이 불가능하겠는가? 이제부터 그 방법을 찾아보기로 하자.

## _ 꿈을 실현하는 네 단계

무엇보다 먼저 할 일은 당신의 공상을 종이 위에 써 보는 것이다.

꿈을 기록한다는 것은 그에 대한 구체적인 계획을 마음속에 그리는 것과 같다. 그리고 당신은 꿈을 밝은 햇빛 아래에서 끄집어내는 것이다. 밝은 햇빛 아래로 나오면 모든 게 밝아 보인다. 당신의 실현 불가능할 것 같은 꿈도 마찬가지이다. 자, 이제 눈에 보이는 꿈을 갖게 되었다.

두 번째로 당신이 해야 할 일은 무슨 일부터 시작하면 좋은지를 알아야 한다는 것이다.

처음에는 차에 기름을 넣지도 않고 운전대를 잡는 실수를 저지르게 될지도 모른다. 그래도 상관없다. 당신은 잘못을 발견하고 곧 기름을 채우게 될 것이 분명하기 때문이다.

이윽고 당신은 몇 가지 시행 착오를 거쳐서 확실히 어디부터 손을 대면 좋은가를 발견하게 될 것이다. 화가가 꿈이라면 파리로 가고, 성악가가 되고 싶으면 밀라노로 향하라. 금융가에게 꼭 맞는 곳은 월스트리트일 것이며, 외교관은 워싱턴에 있어야 한다. 이런 곳에서라면 누구나 공통된 관심사를 갖고 있기 때문이다.

꿈의 본고장으로 가라. 그곳에 가면 당신의 꿈을 구체화시켜 줄 사람들을 만날 수 있을 것이다. 그들도 당신과 같은 꿈을 갖고 있다. 그곳에서는 사람들이 동일한 희망과 야심을 갖고 생활하며, 먹고 자기 때문에 정보가 많을 뿐만 아니라 기회도 자주 찾아온다.

토마토는 높은 고지대에서는 잘 자라지 않지만, 커피라면 잘 자란다. 꿈도 적절한 토양에서는 빨리, 그리고 잘 자란다. 그러므로 당신의 꿈을 키우는 데 가장 좋다고 여겨지는 장소를 선택하라는 것이다.

이제 세 번째로 당신의 공상을 행동에 옮기는 일이 남아 있다.

워싱턴에는 3백만에 가까운 발명가들의 꿈이 대부분 열매를 맺지 못한 채 파묻혀 있다. 대다수가 자기의 꿈을 행동에 옮기는 데 적극적이지 않기 때문이다. 당신의 꿈도 이들처럼 도중에 무산되는 일이 있어서는 안 된다. 제일 중요한 것은 당신 스스로 꿈을 향해 달려가는 일이다. 처음엔 모든 게 뜻대로 되지는 않을 것이다. 하지만 우선 날갯짓부터 시작해 보라.

굴렁쇠 바퀴는 막대기를 밀어 주기만 하면 굴러가도록 되어 있다. 일단 바퀴가 움직이기 시작하면 쉽사리 멈추지 않는다. 기차와 자동차에 시동을 걸기는 어렵지만, 한 번 움직이기 시작하면 자연스럽게 목적지를 향해 간다. 당신도 자신의 꿈에 시동을 걸어 보라.

꿈 자체로는 아무런 쓸모가 없다. 그야말로 공상에 불과하기 때문이다. 아무리 일하고 싶은 마음이 간절하다 한들 공원 벤치에만 앉아 있다면, 그 사람은 실업자일 뿐이다. 그 꿈은 결코 실현될 수 없는 꿈이기 때문에 허황된 것이다. '구슬이 서 말이라도 꿰어야 보배' 라는 속담도 있지 않은가. 마찬가지로 꿈은 현실 속에서 한 알 한 알 엮어 내지 않으면, 결코 열매를 맺지 못하는 법이다. 일단 자리를 박차고 일어나라. 그러면 성공은 당신의 눈앞으로 바싹 다가올 것이다.

1천 명의 성공한 백만장자와 인터뷰를 한 사람이 있었다. 그는 인터뷰 결과를 발표하면서 백만장자들은 공통점을 가지고 있다고 이야기했다. 그들은 꿈의 실현에 관해 현실과 타협하지 않았다. 그리고 그들의 꿈은 완전하거나 아무것도 아니거나 둘 중의 하나였다.

만약 당신의 목표가 밍크 코트라면, 결코 토끼털로 만족해서는 안 된다. 만약 당신의 꿈이 백만 달러를 벌어들이는 것이라면, 단 한푼의 부족분에 대해서도 자신과 타협해서는 안 된다.

마음을 굳세게 다잡아라, 결코 당신의 결의가 흔들리지 않도록. 일단은 목표로 삼았던 정상까지 올라가라. 그리고 나서 다른 꿈을 갖고 다음 정상에 도전하라. 중도에서 만족하거나 스스로에게 변명을 늘어놓으며 목표를 바꾼다면, 당신은 스스로 자신의 꿈을 교살시키는 것이나 다름없다는 사실을 기억하라.

마지막으로 제일 중요한 것은, 당신 자신을 위해서 쉴 줄도 알아야 한다는 것이다.

꿈을 중도에서 적당히 낮춰 잡아서도 안 되지만, 그렇다고 해서 너무 저돌적으로 행동해서도 안 된다. 어느 정도 목표에 도달했으면 휴식을 취해야 한다. 잠시 동안이라도 몸과 마음을 편안히 하는 여유를 갖자는 것이다. 숨을 크게 몰아쉬고 당신의 꿈이 실현된 것을 보고 즐겨라. 휴식이란 당신의 에너지를 재충전하는 것이다.

한없이 무작정 나아가는 저돌적인 사람은 그동안 공들인 노력의 성과를 즐길 수가 없다. 그러다 끝내 부자가 될지는 모르지만, 이미 그때는 무덤 속에서 자신의 상속자가 애써 모은 재산을 탕진하는 꼴을 속수무책으로 바라볼 수밖에 없을지도 모른다.

백만장자들 대부분이 그들에게 오늘이 있게 된 것은, 10년 전에 꾸었던 꿈의 결과임을 잊지 않아 지나친 과욕의 함정에서 벗어났다고들 이야기한다. 오늘의 성공은 그들이 불과 수년 전에 꿈꾼 것을 차근차근 이룩해 낸 결과였다. 그러므로 목표를 낮게 보지 않는 것도 중요하지만, 동시에 너무 서두르지 않는 것도 아주 중요하다.

지금까지는 당신의 꿈을 성공에 이르게 하는 데 필요한 몇 가지 주의 사항이었다. 만약 당신의 머릿속에 떠오르는 꿈이 있다면, 이제부터라도 위의 조건들을 실천해 보라. 백만장자가 되기 위해서 반드시 사기꾼이나 행운아가 되어야 하는 건 아니다. 당신을 백만장자가 되게 하는 가장 큰 기회는 바로 당신의 꿈 안에 숨어 있다.

**꿈꿀 권리가 누구에게나 있는 것처럼 실현할 기회도 공평하게 가진다**

중요한 것은 스스로 꿈을 향해 달려가는 일이다. 처음엔 모든 게 뜻대로 되지는 않을 것이다. 하지만 우선 날갯짓부터 시작해 보라.

굴렁쇠 바퀴는 막대기를 밀어 주기만 하면 굴러가도록 되어 있다. 일단 바퀴가 움직이기 시작하면 쉽사리 멈추지 않는다.

## 기회는 앞에서 잡아야 한다

우리의 삶 구석구석에 권태는 복병처럼 숨어 있다. 편안한 일상의 언저리에 권태는 어느새 곰팡이같이 스며들기도 한다. 작은 틈만 주면 지체없이 엄습하는 이 권태는 사람마다 찾아드는 원인이 다르다. 우리는 자신의 삶을 함부로 내칠 수 없으므로, 권태의 원인이 무엇인지 찾아 내야 한다.

권태는 열등감이나 다른 사람의 성공에 대한 질투에서 오기가 쉽다. 일단 권태가 찾아오면 별일이 아닌데도 감정이 쉽게 상하고, 능력의 한계를 느껴 살아갈 자신을 잃기도 한다. 그리고 다른 사람의 평판을 두려워하고, 과거의 실수와 잘못 속에서 헤어나지 못하기도 한다. 그리하여 자신을 패배주의자로 단정 짓고, 포기해 버리기도 한다.

만일 당신이 지금 삶에 대해 권태를 느끼고 있다면, 인생의 어느 대목에선가 크게 낙담한 경험이 있을는지도 모른다. 어쩌면 당신은 그때 고통을 무심코 대충 넘기는 태도를 취했을 것이다. 이렇듯 먼 미래를 보지 못하고 눈앞의 고통을 잊어버리는 데 급급해하는 태도는 일을 더욱 그르치게 한다.

이런 태도는 정신적으로 매우 나쁜 습관이다. 문제가 생겼을 땐 그것을 정면으로 돌파하려는 마음 자세가 필요하다. 당장의 현실이 고달프다고 해서 문제 해결의 방법을 회피해 버리면, 점점 자신은 삶의 중심에서 벗어나게 되고 인생의 방관자가 되고 만다. 삶의 적극적인 에너지를 모두 뺏긴 나머지 어느덧 자기도 모르게 나약한 시간의 소모품이 되어버리는 것이다.

지혜롭게 인생을 살아가는 사람은 권태를 느낄 시간이 없다. 그는 항상 가치 있는 활동과 삶에 대한 흥미로 가득 찬 시간을 보내느라 분주한 나머지 먹고 자는 시간조차 아쉬울 지경이다.

바로 이런 사람이 성공하는 사람의 표본이 되기도 한다. 무언가 새로운 것은 그들을 끊임없이 자극하고 부추긴다. 그리하여 그들은 일생 동안 새로운 일에 관심을 쏟아가며 의미 있는 삶을 살아가게 되는 것이다.

당신이 만일 지금 이 순간에도 권태를 느낀다면 어떤 자극제를 갖도록 하자. 아직 많은 문제가 남아 있고 시작을 어떻게 해야 할지 모르는 상황이더라도, 문제의 끝과 시작은 지금 이 순간에 있다. 평소에 하고 싶었던 것, 해야 할 것 중에 손쉽게 할 수 있는 것을 잡아서 바로 시작하라! 자신에게 부족한 면이 있다면 자기 개발 정보도 찾아라.

적극적인 사고 기술에 관한 여러 가지 책도 읽고, 생각을 열어 주는 강의를 듣는 것도 좋은 방법이다. 그리고 보고, 듣고, 느낀 것을 즉시 자신의 생활에 적용시켜 행동으로 옮겨라. 어느 것이라도 좋다. 무엇이든 바로 시작하라! 새로운 일의 시작과 동시에 부정적인 마음이 변하고, 몸 속 어디선가 강력한 에너지가 솟아나는 것을 느끼게 될 것이다.

노력해서 안 되는 일은 없다. 아무리 어려운 상황도 조금씩 성취하다 보면 결국은 끝을 보게 되는 것이다. 기회는 앞에서 잡아야 한다. 뒤에서는 절대 잡을 수 없다. 그리고 기회란 막연히 기다려서는 절대 잡을 수 없다. 기다리는 것이 아니라 자신이 만드는 것이다. 사람들은 누구나 이런 생각을 하고 있지만, 순간적인 결단을 내리지 못하여 알게 모르게 발전의 기회를 잃어버리고 마는 것이다.

우리가 만나는 사람들은 모두 자기 발전의 기회가 될 수 있는 중요한 사람들이다. 만약 당신이 누군가를 소홀히 여긴다면 하나의 중요한 기회를 흘려 버리게 될 수도 있다는 것을 기억하라.

우리는 만나는 사람들 중 누구와의 접촉이 각자의 인생에 어떤 중요한 역할을 할지 아무도 예측할 수 없다. 먼저 남에게 관심을 나타내지 않으면 그들 역시 당신에게 관심을 보이지 않을 것이다. 상대를 잘 알지 못하면 그가 아무리 호의를 갖고 접근한다 해도 흥미를 느끼지 못하게 된다. 그러나 사람들에겐 누구나 나름의 가치가 있음을 알아야 한다.

그러므로 성서는 우리에게 좋은 충고를 해 주고 있다.

'낯선 사람에게도 소홀히 대하지 말라. 왜냐하면 그들이 천사일지도 모르기 때문이다.'

남을 위한 행동만큼 가치 있는 것도 없다. 남을 돕고 싶은 마음은 있는데 시간이 없다는 이유로 그를 외면하는 일이 있어서는 안 된다. 언젠가 자신에게 절실히 도움이 필요한 상황이 닥쳤을 때, 당신은 이 사회 속에서 철저히 고립된 존재가 되어 있을지도 모르기 때문이다. 이미 등 돌린 사람에게서 기회를 구하는 어리석음을 범하지 말라. 당신은 그가 늘 앞에 있을 때, 그것을 잡아야 한다.

**기회는 기다리는 것이 아니라 만드는 것이다**

기회란 막연히 기다려서는 절대 잡을 수 없다. 평소에 하고 싶었던 것, 해야 할 것 중에 손쉽게 할 수 있는 것을 잡아서 바로 시작하라! 자신에 게 부족한 면이 있다면 자기 개발 정보도 찾아라. 보고, 듣고, 느낀 것 은 즉시 자신의 생활에 적용시켜 행동으로 옮겨라. 어느 것이라도 좋다. 무엇이든 바로 시작하라! 새로운 일의 시작과 동시에 부정적인 마음이 변하고, 몸 속 어디선가 강력한 에너지가 솟아나는 것을 느끼게 될 것 이다. 노력해서 안 되는 일은 없다. 아무리 어려운 상황도 조금씩 성취 하다 보면 결국은 끝을 보게 되는 것이다. 기회는 앞에서 잡아야 한다. 뒤에서는 절대 잡을 수 없다. 그리고 기회란 막연히 기다려서는 절대 잡을 수 없다. 기다리는 것이 아니라 자신이 만드는 것이다.

# 사소한 발견을
# 놓치지 마라

　인간은 누구나 이 세상에서 성공할 수 있는 마술적인 가능성을 갖고 세상에 태어난다고 하는 것이 오스본의 철학이었다.

　오스본은 유명한 광고 대행사의 사장이었다. 그는 자신의 저서 《양 귀 사이에 있는 황금의 보고》를 통해서 창조적 상상력이란 선택된 소수의 사람들의 것이 아니라 우리들 누구나 갖고 있는 능력이라고 주장했다. 즉 평범한 누구라도 한 가지 일만은 잘할 수 있는 창조적인 상상력을 갖고 태어났다는 것이다.

　창조적 상상력이란 당신 내부에 있는 것이다. 가령 질병으로 인한 인류의 고통을 없애는 방법을 생각해 내거나, 보다 편리한 잔디 깎기 기계를 발명하고, 시간을 절약하기 위해서 감자 껍질을 벗기는 기계를 생각해 내며, 손가락을 다치지 않게 하는 깡통 따개를 발명하는 것 따위 모두가 그런 창조적 상상력의 산물이다. 우리들 각자가 지닌 이 창조적인 상상력은 나이와는 관계없이 발휘된다. 일례로 서머셋 몸은 80세가 넘은 나이에도 왕성한 창작력을 자랑했다.

"상상력은 연습에 의해서 신장되는 것이다. 일반적인 견해와는 반대로 그것은 젊을 때보다도 분별력이 생기는 노년에 이르러 한층 강력해진다."

몸의 말처럼 상상력은 학력이나 나이와는 상관없이 누구에게나 갖춰진 능력이다.

알버트 아인슈타인 박사도 이런 말을 했다.

"상상력은 지식보다도 중요하다."

실제로 아인슈타인은 고령이 되어서까지 왕성한 의욕을 불태움으로써 스스로 그 말을 증명해 보였다.

이제 우리가 알고 있는 인물들 가운데 졸업장 없이도 성공한 사람들을 한 번 살펴보자.

초등학교 중퇴 학력이 전부였던 헨리 포드도 자동차라는 획기적인 발명품으로 인류의 생활 양식을 바꿔 놓지 않았는가. 그 밖에도 값비싼 외제 승용차를 굴리거나 경치 좋은 별장이나 대저택을 갖고 있는 당신 주변의 사람 중, 간혹 정규 교육은 받지 않았지만 넘치는 상상력으로 성공한 경우가 얼마든지 있다.

학력이나 연령에 관계없는 것과 마찬가지로 상상력을 발휘하는 데는 남녀 구분도 있을 수 없다. 오스본의 연구는 여성도 위대한 상상력을 갖고 있음을 증명하고 있다.

가령 손가락을 데지 않게 하는 냄비의 손잡이, 냉장고의 얼음 케이스, 물이 잘 스며드는 모포 등은 모두 여성들의 발명품이었다. 이러한 여성들은 대부분 과학이라든가 제조법에 대해서 교육을 받은 사람들도 아니었다.

"진공 청소기의 성능에 개선점이 있다면, 그게 무엇이라고 생각하십니까?"

유명한 진공 청소기 제조회사의 사장인 H. W. 후버는 이러한 내용의 설문지를 작성한 뒤 세일즈맨들을 시켜 주부들의 답변을 들어오도록 지시했다.

그는 주부들의 상상력을 최대한 높이 평가하는 경영자였다. 그리하여 주부들은 세일즈맨에게 자신들의 의견을 이야기했다. 세일즈맨은 회사로 돌아와서 그것을 보고했고, 엔지니어들은 즉각 그 의견대로 개량에 들어갔다.

후버가 청소기에 헤드라이트를 붙이게 된 것도 주부들이, 어두운 구석에서는 먼지가 보이지 않아 불편하다고 말했기 때문이다. 후버의 청소기에는 특이하게도 빨간 신호등이 붙어 있었다. 주부들이 오랫동안 청소기를 사용하는 경우가 많은데, 언제 주머니 속에 먼지가 가득 차게 되는지 모르겠다고 호소했기 때문이다. 그리하여 세일즈맨들은 여성 고객들에게 이렇게 말할 수 있었다.

"부인께서 후버를 잊으셨다고 하더라도, 후버는 부인을 잊지 않았습니다."

## _ 상상력의 소재는 무궁무진하다

달라스 시에 살고 있는 메이어 R. 카벨의 경우에는 아주 우연한 기회에 상상력이 발휘되었다. 그는 상점에서 상품을 구입했을 때 손님에게 주는 경품권을 자동화된 방법으로 처리할 수 있다면 얼마나 편리할까 하고 생각했다. 그는 그 기계를 완성하는 데 찰리 스탠셀의 힘을 빌렸지만, 아이디어만큼은 철저하게 그 자신의 머리에서 나온 것이었다.

그 기계는 점원이 전화 다이얼을 돌리듯이 다이얼을 돌리면 필요한 수만큼의 경품권이 나오도록 고안되었다. 그 덕분에 경품권을 발행하느라 너무 많은 시간을 빼앗겨 골치를 앓고 있던 상점 주인들의 고민이 단숨에 해결되었다.

상상력이란 당신에게 인생의 성공을 가져다 주는 기회가 될 수 있는 것이며, 다른 사람들에게 편리함을 제공해 주는 것이다. 이 간단한 아이디어를 생각해 내기 위해서 반드시 과학적 지식이 필요한 것은 아니다. 오직 자유 분방한 사고 방식! 그것만이 상상력의 훌륭한 토양이 될 수 있음을 기억하라. 당신은 상상력을 자유롭게 풀어 놓아야 한다. 경직된 사고 방식으로는 결코 창조적 상상력을 발휘할 수 없는 법이다.

요즈음 대부분의 회사에 가 보면 '건의함'이 비치되어 있다. '모든 종업원들은 숨겨진 아이디어를 가지고 있다. 그것을 캐내면 뭔가 획기적인 변화가 생길지도 모른다.' 아마도 최초의 누군가가 이런 상상을 했을 것이다. 그리고 그것은 회사 경영이나 그 외 조직 사회에서도 두루 통용되는 방법으로 자리를 굳히게 되었다.

그렇다면 항상 일거리가 끊이지 않는 당신 집의 주방에도 이런 메모들을 붙여두면 어떨까? '먼지를 내지 않는 빗자루는 없을까?' '병마개를 뽑았을 때, 바스러지지 않는 코르크 마개는 없을까?' '아이들이 함부로 열지 못하는 약병은 없을까?' '없을까, 없을까?' 하고 필요한 모든 것을 기록해 두는 것이다.

당신이 필요로 하는 것, 또는 다른 사람이 필요로 할지도 모르는 것에 대해서 항상 자문해 보라. 그리고 그 문제를 해결하기 위해서 자신은 무엇을 할 수 있는가를 생각하는 것이다. 상상력을 키우는 방법이란 이렇듯 간단하다.

눈을 크게 뜨고 사물을 관찰하라. 당신은 점차 사람들이 필요로 하고 있는 많은 것을 볼 수가 있을 것이다.

오스본은 간혹 어미돼지의 몸뚱이에 깔려 새끼돼지들이 죽는 것을 보았다. 그는 다른 사람들처럼 그냥 그러려니 하고 보아 넘기지 않았다. 돼지우리 바닥에 홈을 파면 사고를 막을 수 있지 않을까? 그는 아이디어를 곧장 실천에 옮겼다. 효과는 만점이었다. 농림성은 이렇게 경사면을 설치한 비닥 덕분에 새끼돼지의 폐사율이 25%나 줄었다고 발표했다.

또 어떤 농부는 배설물이 굴러 떨어져 칠면조의 몸을 더럽히지 않도록 칠면조 우리를 언덕의 비탈진 곳에 세우는 방법을 착안해 냈다. 어쩌면 이 정도는 당신도 손쉽게 생각해 낼 수 있는 아이디어일지도 모른다. 세탁한 옷을 간단하게 말리는 방법을 발견한 사람도 있고, 와이셔츠 칼라에 풀을 먹이는 수고를 덜게 한 사람도 있으며, 어렵게 매지 않아도 칼라에 부착할 수 있는 넥타이를 고안해 낸 사람도 있다.

소다수를 빨아 마시는 스트로가 이런 방법으로 발명되었고, 스카치 테이프가 발명되었으며, 허리를 구부려 구두끈을 맬 수 없을 정도로 뚱뚱한 비만증 환자를 위한 신축성 구두끈도 이렇게 만들어졌던 것이다. 모든 발명품들은 이처럼 눈을 크게 뜨고 그 필요성을 발견한 사람들에 의해서 만들어져 왔던 것이다.

그렇다면 당신은 어떤 방법으로 상상력이 발휘될 수 있는 일에 착수할 것인가를 고민할 것이다. 방법은 아무래도 좋다. 무조건 지금 곧 시작하라. 이것이 내가 할 수 있는 가장 확실한 충고이다.

이제부터 항상 종이와 연필을 갖고 다녀라. 그리하여 만약 버스 기사가 거스름돈을 내주기 위해서 쩔쩔매는 것을 보게 되면, 이렇게 자문해 보는 것이다.

'그가 좀더 효과적으로 힘들이지 않고 거스름돈을 내줄 수 있는 방법은 없을까?'

기름이 새는 곳을 찾아 내기 위해 차 밑으로 기어 들어간 정비공을 보게 된 경우에는 이렇게 자문해 보라.

'그가 좀더 편하게 작업할 수 있는 방법이 없을까?'

어떤 수리공이 실제로 그러한 고민을 했던 적이 있었다. 그리하여 치과 의사가 치료할 때 사용하는 숟가락과 같은 거울을 발명했던 것이다.(치과 의사의 거울 자체도 그런 상상력에 의한 발명이지만) 덕분에 오늘날에는 어느 정비 공장에 가 보더라도 엔진 오일의 상태를 점검하기 위해 차 밑으로 기어 들어가는 정비공을 찾아볼 수 없게 되었다.

이렇게 생활의 불편을 없애기 위해 만들어진 것들은 모두 돈으로 연결되었다. 생활에 필요한 모든 개선점들이 곧 상상력의 원천이 될 수 있다.

어떤 부인이 이렇게 말했다.

"왼손잡이들이 편하게 사용할 수 있는 병따개는 없을까?"

실제로 이러한 의문이 어떤 사람으로 하여금 왼손잡이용 병따개를 만들게 한 아이디어가 되었다. 또 어떤 사람은 풀을 긁어모으는 데 넌더리를 쳤다. 얼마 후 그는 풀이 흩어지지 않는 장치를 발명해 제초기에 장치했다. 반드시 새것만을 발명할 필요는 없다. 때로 불편을 개선한 것만으로도 발명 이상의 효과를 얻어내기도 한다.

하리는 시력이 좋지 않은 할머니를 위해 손녀딸들이 바늘에 실을 꿰어 주는 광경을 가끔 보았다. 만약에 대신 실을 꿰어 줄 사람이 없다면 할머니들은 분명 돋보기 안경을 써야 할 것이다. 좀더 간단한 방법은 없을까. 그는 상상했다. 그리하여 마침내 그것을 발견했던 것이다.

그는 독일에서 팔리고 있는 간단한 도구를 찾아 냈다. 하리는 바늘 꿰는 도구를 발명한 사람은 아니었지만, 그런 도구가 어디선가 만들어지고 있다는 사실을 알아 내 그것을 미국으로 가져왔다. 그리하여 오늘날에는 전 세계의 시력 장애자들이 불과 1달러만 주면 살 수 있는 간단한 도구를 사용하여 거뜬히 실을 꿸 수가 있게 되었다.

설사 무엇을 발명하지 않더라도 이미 발명된 것을 이용할 수 있는 방법을 발견하거나, 그 물건을 사용해 주는 사람들을 찾아 내는 것도 바로 상상력의 산물이다. 결국 우리는 처음부터 그것을 발명하는 것과 같은 효과를 얻을 수 있기 때문이다.

## _ 상상력은 '발견' 에서 시작된다

누군가가 나일론을 발명했다. 그리고 다른 누군가가 나일론의 새로운 이용법을 발명했다. 그러므로 오늘날 나일론은 스타킹이나 혹은 다소 험하게 다루어도 끊어지지 않는 재봉실로도 사용될 수 있는 것이다. 누군가가 철망을 발명했다. 또 다른 사람이 그것의 새로운 이용법을 발명했다. 그러므로 오늘날 당신은 지푸라기 더미 위가 아닌 스프링 침대 위에서 잠을 잘 수 있는 것이다.

무엇이든 무슨 일에서도 누군가가 이런 식으로 발명을 하게 되면, 다른 사람이 그 새로운 용도를 찾아 내게 된다. 어떤 사람이 기계 장치를 수리하면서 손전등을 고정시키느라 곤욕을 치르던 끝에 어느 곳에라도 전등을 고정시킬 수 있도록 자석이 달린 전등을 발명했다. 이것은 오늘날 어느 시장에서든 흔히 구할 수 있는 물건이 되었다.

하이파이가 시중에 판매되자마자 누군가가 스테레오를 발명했다. 그리고 나서 다른 사람이 '스테레오 테이프 레코드' 를 만들어 냈다. 그러므로 당신은 테이프를 종전의 두 배로 사용하면서 비용은 절반으로 절약할 수가 있게 된 것이다.

세상은 늘 변하고 있다. 불과 몇십 년 전까지만 해도 우리는 파리나 모기를 잡는 데 파리채를 사용했다. 오늘날은 에어졸을 사용하고 있다. 한때 우리는 매일 태엽을 감아 주는 자명종 시계 소리를 들으며 아침에 잠을 깨곤 했다. 오늘날에는 모닝콜 서비스를 통해 아리따운 여성의 음성을 들으며 자리에서 일어난다.

옛날에는 비행기가 프로펠러의 동력에 의해서 움직였시만, 오늘날에는 제트 엔진이라는 것이 발명되었다. 맥스웰 하우스의 부사장인 A. 라킨은 '세계를 계속 움직이게 하고 있는 것은 변화' 라고 했다.

우리는 처음엔 커피 원두를 갈아서 마셨다. 다음에 그것은 미리 가루로 만들어져 판매되었다. 오늘날에는 인스턴트 커피와 더불어 원두 커피가 다시 인기를 끌고 있다. 그리고 일체의 조리 과정을 생략하고 잠깐 데우기만 해도 먹을 수 있는 온갖 종류의 인스턴트 식품까지 판매되고 있다. 과거에는 꿈도 꾸지 못했던 이 모든 변화가 상상력의 산물인 것이다.

역사는 결코 끝남이 없는 발전의 연속이다. 당신도 생활을 보다 편리하고, 보다 유쾌하게 하며, 사람들을 노역에서 해방시켜 보다 많은 즐거움을 누리게 할 수 있는 아이디어를 주변에서 찾아보라. 스스로 황금 노다지를 발견할 수 있으리라. 그렇지만 보물 창고는

성공하려면 습관을 바꿔라

먼 곳에 있지 않다. 그걸 찾아 내느라 온 세계를 돌아다녀야 할 필요는 더더욱 없다.

러셀 콘웰 박사는 〈다이아몬드의 땅〉이라고 하는 유명한 강연에서 다음과 같은 예를 들었다.

옛날에 어떤 남자가 있었다. 그는 다이아몬드나 석유 따위를 찾기 위해 살던 집을 팔고 온 세상을 돌아다녔지만, 결국은 허탕만 쳤다. 하지만 그 남자로부터 집을 샀던 사람은 자기 집 마당에서 보물을 발견했다.

러셀은 이처럼 '사소한 것을 볼 줄 아는 열린 눈'의 중요성을 역설했던 것이다. 이제 당신의 집 뒤뜰로 가자. 당신의 부엌, 당신의 작업장, 당신의 사무실로 가 보자. 바로 그곳에 당신을 위한 황금이 파묻혀 있을지도 모르지 않겠는가. 중요한 것은 하늘 아래 새로운 발견이 아니라, 우리들이 전부터 이미 알고 있던 어떤 것을 끌어 내는 것이다.

**먼지를 내지 않는 빗자루는 없을까?**

상상력이란 당신에게 인생의 성공을 가져다 주는 기회가 될 수 있는 것이며, 다른 사람들에게 편리함을 제공해 주는 것이다. 이 간단한 아이디어를 생각해 내기 위해서 반드시 과학적 지식이 필요한 것은 아니다. 오직 자유 분방한 사고 방식! 그것만이 상상력의 훌륭한 토양이 될 수 있음을 기억하라.

# 행복은
# 일하는 시간 속에 있다

이 세상에서 노동만큼 신성한 것은 없다. 일하고 있는 모습은 사람의 가장 아름다운 모습이다. 사람은 일을 함으로써 삶의 진정한 가치를 찾을 수 있다.

그러나 노동의 의미가 우리의 일상 생활에 필요한 것, 다시 말하면 '먹고 사는 것'만을 해결해 주는 데 있는 것은 아니다. 일이란 남들과 더불어 살아가기 위해서도 필요한 것이다. 우리는 일을 통해서 타인과의 관계를 만들어 가고, 세상 돌아가는 정보를 나눌 수 있다.

인간이 이루어 놓은 학문이나 문명 등은 모두 인간의 두뇌와 손의 힘으로 이루어졌다. 이처럼 가치 있는 것에는 모두 노력이라고 하는 땀의 결과가 들어가 있다. 그러므로 사람이 일하지 않고는 아무것도 이룰 수 없다는 것은 진리와 통한다.

동서고금을 통해 이름을 떨친 사람들은 거의 모두가 주어진 일에 전력투구하면서 필생의 노력을 기울인 사람들이다. 어느 분야에서든 끊임없는 노력과 인내만이 성공이라는 보람을 얻게 하는 것이다.

아무리 뛰어난 재능과 좋은 환경을 갖고 있다 하더라도 노력 없이는 남의 인정을 받기 어렵고, 오히려 그가 갖고 있던 재능이나 좋은 환경마저도 쉽게 잃어버리게 된다.

사람이 어떤 일을 도모하기 위해서 반드시 거창한 목표를 세워야 하는 것은 아니다. 일의 최대 성과는, 원대한 포부를 갖고 있는 상황에서보다는 오히려 사소한 것부터 차근차근 이뤄 나가는 데서 얻어질 수 있다. 그리고 거기에는 반드시 희망이 있어야 한다. 희망 없이 하는 일에는 노동의 기쁨이란 있을 수 없다.

희망은 노동의 적극적인 에너지를 발생시킨다. 더구나 그러한 에너지는 자기가 하는 일에만 국한되는 것이 아니라 자신의 전체적인 삶을 이끌어 주는 원동력이 된다. 행운은 스스로 노력하는 자의 것이다. 모든 것을 운명 탓으로 돌리는 행위는 비겁자나 하는 짓이다.

하루 하루를 헛되이 보내는 사람들에게 가치 있는 인생을 기대하기란 어려운 일이다. 그러므로 게으름은 젊음의 최대 위험이라고 한다. 우리 주변에도 간혹 한창 일을 해야 할 나이에 노력을 필요로 하는 힘든 일은 모두 피해 다니고 쉽고 편안 일만 찾아다니는 사람들이 있다. 그러면서도 자신은 할 만한 일도 없고 억세게 운이 안 좋은 인간이라고 한탄만 하며 아까운 시간을 무의미하게 흘려 보내는 것이다.

일하지 않는 자는 기뻐할 수 있는 기회마저 갖지 못한다. 매일매일을 휴일처럼 보내는 사람이 진정한 휴식의 즐거움을 어떻게 알겠는가. 진정한 휴식의 기쁨은 열심히 땀흘려 일한 후에 맞이하는 단 몇 분 간의 휴식에서도 얻을 수 있다. 성취감 뒤에 맛보는 그 뿌듯한 희열을 게으른 자가 어찌 알겠는가.

게으름이라는 것은 곧 무능력과도 통한다.

"게으름은 사람을 산 채로 묻어 버린다. 게으른 자는 신에게나 인간에게나 전혀 도움이 되지 않는 죽은 자와 같다. 세상의 변화나 요구에 대해서도 무관심으로 일관한다. 게으른 자는 오직 시간만 낭비하고, 이 세상의 과실만 따먹기 위해 사는 기생충과 같다. 마침내 때가 오면 죽어갈 뿐, 살아 있는 동안에 무엇 하나 사회를 위해 도움이 되지 못한다. 땅을 일구거나 일을 하고자 하는 의욕도 없다. 그들의 존재는 인간 사회에 아무런 이로움이 되지 못하고, 오직 해로움만 될 뿐이다. 게으름이야말로 이 세상에서 가장 지독한 유해물이다."

　제레미 테일러의 신랄한 경고이다. 게으른 자의 머리는 악마들의 작업장이라는 옛 속담도 있듯이, 게으름을 피워가며 제대로 할 수 있는 일은 아무것도 없다. 애써 몸을 움직이지 않고 편하게만 살려고 하는 사람은 곧 타락하기 쉽다. 그런 사람은 주위로부터 마땅히 비난을 받고, 결국에는 모든 사람으로부터 소외당하기 마련이다. 실패한 인생의 배후에는 반드시 나태와 무기력이라는 위험한 복병이 존재하고 있다는 것을 항상 기억해야 한다.

　러스킨은 인간을 다음의 세 가지 부류로 구분했다.

　"최저 인간은 욕심이 많고 이기적이며 아무것도 보지 못하고 느끼지 못한다. 중간 인간은 고상하고 인정이 많으며 이해성이 깊다. 다만 결과나 행동을 보지 않고는 아무것도 보지도, 느끼지도 못한다. 최고의 인간이란 한 번 결정한 일 외에는 한눈을 팔지 않고 오직 거기에만 자신의 모든 것을 전념한다."

　시간을 지키며 성실하게 산다는 것은 인생에 있어서 절대 조건이다. 바로 이것이 성공의 열쇠라고 해도 과언이 아닐 것이다.

　우리는 자칫 시간을 대기 중의 공기처럼 소홀히 여기려는 경향이 있다. 그러나 사람이 공기를 마시지 않으면 살 수 없듯이, 시간은 일의 성공을 이루기 위한 절대적인 조건인 것이다. 시간을 지킬 줄 모르는 사람은 그 어떤 사람의 신뢰도 얻지 못할 뿐더러 일

성공하려면 습관을 바꿔라

을 앞에 두고도 마음만 초조할 뿐, 결코 큰 성공을 이루지 못한다. 시간을 '흘러가는 돈'이라고 생각하라. 시간을 소홀히 다루는 사람은 바로 눈앞에 있는 보물을 놓쳐 버리는 것과 같이 어리석은 사람이다.

**시간을 지키며 성실하게 산다는 것은 인생의 절대 조건이다**

일하지 않는 자는 기뻐할 수 있는 기회마저 갖지 못한다. 매일 매일을 휴일처럼 보내는 사람이 진정한 휴식의 즐거움을 어떻게 알겠는가. 진정한 휴식의 기쁨은 열심히 땀흘려 일한 뒤에 맞이하는 단 몇 분 간의 휴식에서도 얻을 수 있다. 성취감 뒤에 맛보는 그 뿌듯한 희열을 게으른 자가 어찌 알겠는가. 시간을 '흘러가는 돈'이라고 생각하라. 시간을 소홀히 다루는 사람은 바로 눈앞에 있는 보물을 놓쳐 버리는 것과 같이 어리석은 사람이다.

# 매사에
# 공정하라

웰링턴은 '성의'야말로 영국 군인의 최고 무기라고 자랑한다. 그들은 일단 약속을 했으면, 결코 어기지 않는다. 말이든 행동이든 간에 속이는 것은 금기로 삼는다. 남을 배반하여 자신의 공을 내세울 바엔 차라리 떳떳하게 책임을 지는 쪽이 낫다는 것이다.

무턱대고 권력을 쓰지 않도록 하는 것 역시 군인다운 조건의 하나이다. 양식 있는 지도자라면 권력을 남용하거나 아랫사람을 함부로 대하지 않는다.

그러면 자기와 대등한 사람은 어떻게 대해야 하는가? 그리고 배우자나 아랫사람은 또 어떻게 대해야 하며, 공직자는 시민에게, 교사는 학생에게, 사장은 사원에게 각기 어떻게 행동해야 하는가?

때와 장소에 따라 적당히 권력을 행사하는 것만이 진정한 지도자로서의 역량을 과시하는 것이다. 그러나 이 '적당히'를 지키기란 쉬운 일이 아니다. 이것을 다스리는 것도 진정한 리더십이라 할 수 있다.

일상 생활에서 중용의 미덕을 지키려면 먼저 대단한 극기가 필요하다. 자기 자신을 이기지 않고는 그런 미덕은 생기지 않는다. 그러기 위해서는 힘써 욕망을 억제하고, 동물적인 본능을 몰아 내야 한다.

절제가 지도자의 조건이 되는 것도 이와 같은 이유에서다. 인간은 매사에 절제함으로써 현명한 상황 판단과 자기 관리에 힘쓸 수가 있는 것이다. 삶이 순탄할 때의 덕은 절제이고, 역경에 필요한 덕은 용기이다.

다른 사람에게 친절하게 대하라. 그렇게 하면 곧 그 친절이 당신에게로 되돌아올 것이다. 남에게 존경받고 싶으면, 동시에 매사에 성실하고 공정해야 한다. 그리고 당연히 용서할 일은 서슴없이 용서하고, 꾸짖어야 할 일은 꾸짖어라. 그러나 결코 누구에게 보복하려는 생각은 버려야 한다. 이점은 소크라테스에게 배워야 한다. 일찍이 어떤 사람이 이 위대한 현인을 이렇게 비꼬았다.

"당신에게 복수를 하지 못할 바엔 차라리 죽는 게 낫다."

소크라테스는 대답했다.

"나는 당신의 친구가 되지 못할 바엔 차라리 죽는 게 낫다."

훌륭한 사람은 대체로 온후하다. 그리고 비겁하지도 않다. 숭고한 용기란 위험을 알면서도 이웃을 돕는 일이다. 그들은 목숨을 걸고 사람을 구하기 위해 물 속이든 불 속이든 간에 과감히 뛰어들기도 한다. 이러한 영웅이 요즘에도 없는 것은 아니다. 그들과 같이 용기 있는 자들은 사회적인 지위와 관계없이 지금도 얼마든지 있다. 오늘날 사회에서 일어나는 갖가지 사건이 그것을 충분히 뒷받침하고 있다.

병든 사람이나 가난한 사람을 위해 자선 사업을 벌이는 사람도 수없이 많다. 전시든 평화시든, 남을 돕기 위해 스스로 희생하는 영웅은 여전히 존재한다.

사소한 일에도 용기는 필요하다. 모든 사람이 영웅이 된다는 것은 무리이지만, 용기만 가진다면 누구나 훌륭한 사람이 될 수 있다. 어려움에 직면해도 그것을 이겨 내고 자신의 신념을 지켜 나갈 수 있는 것은, 용기를 가졌기 때문에 가능한 일이다. 사회에 진 빚을 갚고 남의 신세를 지지 않고 살아가는 것, 자유롭고 활달하게 말하면서도 남을 상하게 하는 말은 절대로 하지 않는 것, 항상 자신을 돌아보고 모르는 것은 솔직히 인정하는 것, 자기에게 결점이 있으면 그것을 고치려고 열심히 애쓰는 것, 참다운 용기란 바로 이런 것들을 할 수 있는 정신이다. 비록 처음에는 그것이 매우 어렵게 느껴지더라도.

　용기 있는 자는 배우기 위해 살고, 살기 위해 배운다. 길을 가다 가 발부리에 채이는 돌멩이 하나를 보더라도 그것으로부터 삶의 보석 같은 교훈을 찾아 낼 수 있는 눈의 귀를 열어두어라. 진정으로 용기 있는 자는 항상 깨어 있는 사람이다. 깨어 있는 눈으로 사물을 공정하게 판단하고, 올바르게 행동하라.

### 자신을 이기는 자만이 공정할 수 있다

일상 생활에서 중용의 미덕을 지키려면 먼저 대단한 극기가 필요하다. 자기 자신을 이기지 않고는 그런 미덕은 생기지 않는다. 그러기 위해서는 힘써 욕망을 억제하고, 동물적인 본능을 몰아 내도록 해야 한다. 남에게 존경받고 싶으면, 동시에 매사에 성실하고 공정하라. 당연히 용서할 일은 서슴없이 용서하고, 꾸짖어야 할 일은 꾸짖어라. 그러나 결코 누구에게 보복하려는 생각은 버려야 한다.

# 당당하게
# 자신의 장점을 부각시켜라

어떤 사람이든 모든 일에 있어 전문가가 될 수는 없다. 아무리 똑똑한 사람도 남보다 못 하는 게 한두 가지는 있을 수 있고, 평범한 사람에게도 한 가지 특기는 있게 마련이다. 문제는 어떻게 하면 자기가 가진 재능을 최대한 부각시키고, 그것을 사회적인 성공으로 연결짓느냐 하는 것이다.

본인이 그걸 알고 있으면 남에게 알려지는 시기도 그만큼 빨라질 수 있겠지만, 자기가 어떤 재능을 갖고 있는지조차 모르는 사람에게는 영원히 남에게 인정받을 수 있는 기회가 오지 않을 수도 있다.

남에게 내 재능을 알린다는 것은 결코 교만한 일이 아니다. 물론 자신이 얼마나 뛰어난 재능을 갖고 있는지에 대해서 여기저기 자랑하고 다니는 것은 충분히 타인의 반감을 살 만한 일이지만, 지나치게 겸손한 것은 오히려 현명하지 못한 태도이다.

우리는 촘촘하게 짜여진 사회적 관계의 그물 속에서 살아가고 있다. 남에게 인정받지 못한다는 것은 곧 사회에서 버림받는다는 것을 의미한다. 그것이 우리의 현실이다. 도태되지 않기 위해서는 사람들에게 '나'라는 존재를 알려야 한다. 그리고 그들로부터 인정도 받아야 한다.

성공은 혼자서 열심히 노력한다고 해서 얻어지는 것이 아니다. 그것의 처음은 당신이 누구인지, 어떤 일을 잘할 수 있는지를 알리는 것에서 시작된다.

'나를 괜찮은 사람으로 포장하라.'

자신이 가진 재능을 강조한다는 것은 결코 부끄러워할 일도, 남을 해치는 일도 아니다. 당신이 갖고 있는 최고의 장점을 밖으로 끌어 내 사람들의 주의를 그곳으로 집중시켜야 한다. 그들은 그 장점에 주목한 나머지 당신이 가진 사소한 결점 같은 것을 발견할 수 없을지도 모른다. 이것은 사람을 속이기 위한 것이 아니라 그들의 시선을 당신의 장점으로 유도하는 것이라고 생각하라.

이러한 노력으로 당신은 자신의 재능을 발휘할 기회를 얻게 되고, 그 분야에서 최고의 자리에도 오를 수 있을 것이다. 흔히 사람의 첫인상을 결정하는 데 걸리는 시간은 10초 미만이라고 한다. 10초 동안에 상대방의 호감을 얻지 못했다면, 그와 함께할 일에서 당신은 실패할 확률이 높다.

만약 남보다 뛰어난 재능을 갖고 있음에도 불구하고 그것을 부각시키지 못했다면, 소극적이라는 당신의 단점 때문에 그 재능이 가려진 것이다. 자신의 약점까지도 장점으로 바꿀 수 있는 방법을 배워야 한다. 에디슨은 귀가 잘 안 들린다는 약점이 있었지만, 그것을 장점으로 역이용하여 '불굴의 과학자' 라는 이미지를 사람들 머릿속에 각인시켜 놓았다.

우리들은 누구나 감추고 싶어하는 단점과 드러내야 할 장점을 함께 가지고 있다. 성공하려면 감춰야 할 단점까지도 훌륭한 장점으로 변화시킬 줄 알아야 한다. 여기서 단점을 장점으로 바꾼다는 것은 단점을 무조건 감춘다는 것과는 거리가 멀다. 장점을 크게 부각시키면, 당신이 가진 단점은 너무나 평범하고 인간적인 작은 약점으로 보이게 되기 때문이다.

그러므로 세상과 잘 융합해 나가는 첫걸음은 당신 자신이 당당하게 스스로를 내세울 수 있는 장점을 찾아 내는 일이라 할 수 있다. 당신이 가장 자신 있게 할 수 있는 올바른 일이 곧 당신이 팔아야 할 이미지다. 일단 그것을 찾아 냈으면, 그 부분에 사람들의 주의를 끌어당기는 것부터 시작해야 한다.

만약 어떤 사람을 당신편으로 끌어당기고 싶다면, 먼저 그 사람이 호감을 가질 수 있을 법한 당신의 장점을 보여 줘라. 상대방이 당신의 능력을 원한다면, 당신이 그가 원하는 능력을 갖고 있다는 사실을 알게 하라. 상대방이 인간적인 매력을 원한다면, 그리고 당신이 그런 매력을 가진 사람이라면 자신 있게 당신의 내면을 보여 줘라.

그것이 바로 성공적으로 당신의 장점을 부각시키는 것이다. 단, 그가 무엇을 원하든 당신이 그 분야에서만큼은 최고의 장점을 갖고 있다는 사실을 알 만큼, 적극적이고 당당하게 나설 수 있어야 한다.

성공하는 사람의 가장 중요한 습관은 항상 자신의 장점을 드러내는 데 주저함이 없이 당당하다는 것을 늘 기억하는 것이다.

**사람의 첫인상을 결정하는 데 걸리는 시간은 10초 미만이다**
상대방을 당신편으로 끌어당기고 싶다면, 먼저 그 사람이 호감을 가질 수 있는 당신의 장점을 보여 줘라. 그가 원하는 능력을 당신이 갖고 있다는 사실을 알게 하라. 상대방이 인간적인 매력을 원한다면, 그리고 당신이 그런 매력을 가진 사람이라면, 자신 있게 당신의 내면을 보여 줘라. 그것이 바로 성공적으로 당신의 장점을 부각시키는 것이다.

## 실패를
## 스스로 인정하라

어떤 일을 시도했다가 실패한 뒤 다시 도전한다는 것은 무척 어려운 일이다. 자신의 실패를 딛고 기어이 성공하고야 말겠다는 강한 의지가 없으면 애초부터 엄두도 내지 못하게 된다.

아무리 학식이 높고 저명한 사람일지라도, 대중 앞에서 자신을 잘 표현하는 일에 있어서 상당히 어려움을 느끼는 사람들이 많다. 이와 같은 경우는 젊어서 충분한 경험을 하지 못했기 때문으로, 일종의 연설에 대한 두려움이 원인이다.

사람은 누구나 삶을 살아가면서 스스로가 느끼는 약점이 있게 마련이다. 이러한 약점은 그 사람의 일생 전반에 걸쳐서 심각한 장애로 작용하기도 한다. 그러나 이것을 극복하는 사람들도 있는 데, 이는 꼭 극복하겠다는 강한 결심을 행동으로 옮기면 의외로 쉽게 해결할 수 있다. 물론 자신의 약점에 대한 냉정하고 정확한 판단이 전제되어야 한다.

결국 문제는 자신이 행동하는 사람인가, 아니면 그렇지 못한가에 있다. 즉 무엇이 잘못되었거나 어려운 상황에 직면했을 때, 그것의 원인을 찾아 내어 해결하려고 분주하게 움직이는 사람이냐는 것이다. 그렇지 않고 곤란한 지경에 빠졌을 때마다 뒤로 물러서거나 남의 도움을 기대하는 사람이라면 결과는 전혀 다르다. 바로 이 갈림길에서 한 사람의 일생이 결정되는 것이다.

눈앞에 펼쳐진 상황에 대한 두려움이나 열등 의식, 또는 자신의 무능력함에 대한 한탄은 행동하지 않는 자들의 변명에 불과하다. 모든 실패에는 분명 원인이 있으며, 더욱이 변명으로 일관하는 태도는 그 실패를 되풀이하도록 만든다. 그런 종류의 사람들에게는 공통적으로 자주 사용되는 말이 있는데, 대개는 일단 어려움을 피하고 보려는 임시 방편이자 자학일 뿐이다.

그러므로 일단 자신에게 솔직해야 위기를 극복할 수 있는 힘을 얻게 된다. 마음 한구석으로는 인정하고 있으면서도 앞으로의 진로나 행동에 전혀 반영하지 않는다면 아무런 소용이 없다. 그 결과에 대한 원인을 솔직한 자세로 파악하고 구체적으로 대책을 세워야만이 실패했음에도 또 다른 성공을 이룰 수 있는 것이다.

유명한 연설가 시먼이 젊었을 적에 경험한 일이다. 어느 날 그는 어느 연회에 초빙되었다. 그리고 그 연회의 참석자들을 대표하여 간단한 연설도 해 달라는 요청을 받았다. 그 정도의 연설은 쉬운 것이었으므로, 그는 쾌히 승낙했다. 물론 훌륭한 연설을 할 자신이 있었지만, 더욱 좋은 연설을 하기 위해서 초안을 작성하고 암기한 뒤 거울 앞에서 몇 번의 연습까지 마쳤다. 말 그대로 완벽한 준비를 한 것이다.

마침내 연회가 열리는 밤이 되었다. 그는 연미복으로 잘 차려입고 맨 앞줄에 앉아 있었다. 이윽고 사회자의 소개를 받은 그는 자랑스러운 표정으로 연단에 섰다. 연설의 내용은 자신이 삶에서 얻은 어떤 영감에 대한 것이었다. 그는 미리 암기한 대로 유창한 연설을 하기 시작했다. 그때 사람들 틈에서 그의 연설을 듣고 있던 고교 동창생과 눈이 마주쳤다. 아주 짓궂고 장난이 심했던 그 동창생은 유난히 그를 괴롭혀서 얼굴을 보는 것만으로도 지긋지긋하던 터였다.

한마디로 어린 시절의 시먼에게는 마치 원수 같은 놈이었다. 그런 그가 한참 연설을 하고 있는 시먼에게 혀를 쑥 내밀고 예의 장난기 가득한 얼굴로 놀려대는 것이 아닌가. 그 순간 모든 것은 끝났다. 그렇게도 열심히 준비했던 연설의 내용이 그의 머릿속에서 홀랑 빠져나가 버렸던 것이다. 마치 무엇에 얻어맞은 것처럼 머릿

속이 텅 비었고, 높은 곳에 서 있는 듯 정신마저 아찔해졌다.

어떻게든 연설을 이어가려고 노력하면 할수록 그 아찔함은 정도를 더할 뿐이었다. 도저히 연설을 계속하지 못할 지경에 이른 그는 자신에 대한 분노와 창피함으로 가득한 심정이 되어 단상을 내려올 수밖에 없었다. 그리고 두 손으로 얼굴을 감싼 채 흐느끼고야 말았다.

그날 악몽과도 같은 경험을 한 시먼은 어떤 경우에도 흔들리지 않는 훌륭한 연설가가 되어 다시 연단에 서리라고 마음먹었다. 쓰라린 실패로 인한 두려움에 연연하지 않고, 그것을 극복하기 위한 노력을 계속했던 것이다.

세월이 흐른 뒤, 그는 신문 기자로 일하던 인디아나 주의 마리온 시에 결성된 뉴 라이온스 클럽의 사무장을 맡게 되었다. 그의 일은 클럽의 만찬 때마다 회원들에게 지난번 회의의 진행 결과를 보고하는 것이었다. 비록 연설을 하는 것은 아니었지만 자신에게 호의를 가지고 있는 사람들 앞에 다시 설 수 있는 것만으로도 행복했다. 이처럼 대중 앞에 서는 것은 그가 언제나 원하고 있던 일이기도 했다.

그로부터 몇 달이 지나자, 그는 예전의 보고서를 낭독하는 수준에서 벗어나 요점을 메모한 뒤 자연스럽게 설명할 수 있게 되었다. 그 후에는 그토록 간절하게 바라던 사전 준비 없는 연설을 할 수 있는 능력을 키웠고, 마침내 유명한 연설가가 되었던 것이다.

실제로 자신의 실패에 대한 변명은 나름대로의 정당한 이유를 항변하는 것일 수도 있다. 또 그러한 변명은 일시적으로 마음의 위안을 주고, 도움이 되기도 한다. 하지만 궁극적이고 장기적인 측면으로 볼 때, 변명이란 실패를 극복할 시간만 낭비하고 마는 것이다. 이는 자신의 참모습을 발견하지 못하도록 훼방하기 때문이다.

사람이 자신의 인격을 쌓고 재능을 개발함에 있어서 모든 변명은 전혀 도움이 되지 않는다. 그러므로 나약한 자신을 변화시켜 새로운 일을 도모하려면 구차한 변명이나 핑계 따위는 과감하게 벗어 던져야 한다.

과거의 실패한 경험은 많은 잡념을 불러일으킨다. 이것은 자기 스스로에 대한 반성보다는 남을 비방하고 주위의 여건을 탓하는 비겁한 행동으로 발전하기 십상이다. 또한 어려운 상황과 맞닥뜨리는 것을 회피하거나 자신과 남에 대한 분노의 감정을 갖기도 한다.

항상 실패에 대한 두려움을 씻어 내지 못하고 한탄만 하면서 세월을 보낼 수도 있다. 이렇듯 계속 실패할지도 모른다는 불안감 내지는 '재수 없는 것도 팔자' 라는 식의 자학만 한다면, 그 사람은 미래에 아무것도 기대할 수 없게 된다.

이러한 태도는 삶에 있어서 치명적이다. 곧 정신적인 능력이나 신념에 혼란을 일으켜서 같은 불행을 반복하게 하는 것이다. 과거의 실패를 두려워하면 무기력한 삶을 살 수밖에 없다. 결국 그 두려움을 떨쳐 버리지 못하는 한, 그와 같은 경험은 앞으로도 계속될 것이다.

이것은 곧 자신의 미래를 이미 지나간 과거 속에 묻어 버리는 바보 같은 짓이다. 참다운 인생의 꽃을 피워 보지도 못하는 참담한 결과를 낳을지도 모른다.

**실패는 약점이 아니다**

눈앞에 펼쳐진 상황에 대한 두려움이나 열등 의식, 또는 자신의 무능력함에 대한 한탄은 행동하지 않는 자들의 변명에 불과하다. 모든 실패에는 분명 원인이 있으며, 더욱이 변명으로 일관하는 태도는 그 실패를 되풀이하도록 만든다.

자신에게 솔직해야 위기를 극복할 수 있는 힘을 얻게 된다. 마음 한구석으로는 인정하고 있으면서도 앞으로의 진로나 행동에 반영하지 않는다면, 아무런 소용이 없다. 그 결과에 대한 원인을 솔직한 자세로 파악하고 구체적으로 대책을 세워야만이 실패했음에도 또 다른 성공을 이룰 수 있는 것이다.

# 천재는 유전이 아니라 노력이다

　사회적으로 성공한 부모 밑에서 태어난 아이라고 해서 꼭 성공하는 것은 아니다. 마찬가지로 인생에 실패한 부모의 자식이라고 해서 크게 성공하지 말라는 법도 없는 것이다. 물론 누구나 정도의 차이일 뿐 자기 부모의 영향을 받지만, 무조건적인 것은 아니라는 뜻이다.

　어떤 분야에서 뛰어난 업적을 쌓은 부모에게서 태어난 아이가 제 부모와는 전혀 다른 재능을 보이는 경우가 흔히 있다. 마치 남처럼 성격조차도 부모와는 아주 딴판이어서 자기만의 또 다른 인생을 살게 되는 것이다.

　옛날에는 그 사람의 출신이나 가문의 흥망이 더없이 중요한 사회적 배경이었다. 그러므로 자신의 출신에 따라 일의 선택이 제한되었고, 가문의 전통과 규율 또한 엄격하게 지키지 않으면 안 되었다. 하지만 오늘날까지도 추앙받고 있는 옛 현인들 중에는, 이러한 현실적 조건을 존중하면서도 그 벽을 뛰어넘어 새로운 사고를 실천한 사람들이 많았다. 이처럼 부모의 영향이나 사회적 배경은 모든 사람의 삶을 결정하거나 지배하는 절대적인 것은 아니다.

결국 정신적으로 고결한 아이라고 해서 고결한 부모를 두고 있는 것은 아니며, 아이의 성격이 고약하다고 해서 분명 부모의 고약함을 물려받았을 것이라고 치부해서는 안 되는 것이다.

일례로, 데미스토콜레스의 아들은 마술사로서는 뛰어난 사람이었으나 인간적으로는 그다지 선량한 사람이 아니었다. 또 아리스티데스, 페리클레스 같은 유명한 사람들에게도 소문난 말썽꾸러기 아들이 있었다.

고대 로마의 지장 게르마니쿠스는 정숙하고 품위 있으며 착한 아내 아그리피나와 결혼하여 자녀를 아홉이나 두었지만, 부모와 닮은 아이는 단 한 명도 없었다. 오히려 두 자녀는 파렴치한 죄를 지어 세상 사람들의 손가락질을 받았다고 한다. 그 중 한 사람은 가이우수인데, 일명 갈리쿨라로 널리 알려진 사람이다. 또 한 사람은 작은 아그리피나라는 이름의 딸로, 그 악명 높은 네로 황제의 어머니이다.

또한 마르크스 아우렐리우스 황제는 뛰어난 학식과 고결한 성품의 소유자로 유명한 인물이었지만, 그의 뒤를 이어 황제가 된 코모도는 잔인하기 그지없는 성격으로 악명이 높았다.

사회적으로 명망 있는 부모에게서 태어난 자녀들은 별다른 생활의 어려움을 모르고 살지도 모른다. 하지만 부모로 인하여 주어진 자연적인 풍족함은 자칫 아이의 마음에 나태함을 심어 줄 위험도 큰 것이 사실이다. 그 좋은 환경은 아이의 삶에 긍정적인 도움이 되기보다는 오히려 부정적인 요소로 작용하기 쉽다. 결국 아이 자신의 힘으로는 아무것도 남기지 못하는 어리석음을 범하고 마는 것이다.

물론 부모로부터 자녀에게로 이어지는 유전적 요소도 적지 않다. 그것은 단순히 육체적인 닮음은 물론, 성격 등의 정신적인 면에 이르기까지 다양한 형태로 나타날 수 있다. 결국 한 개인은 자신이 가지는 모든 특징적인 면에서 유전의 영향을 받는다고 해도 과언은 아니다. 다만 이러한 유전적 영향이 아이의 삶에 실현되는 과정에서 부모의 그것과는 사뭇 다른 모습으로 나타나게 되는 것이다.

부모의 특징을 물려받거나 영향을 받는다고 해서 꼭 부모와 같은 성향을 보이지 않는 이유도 여기에 있다. 다만 유전의 힘이 미치지 않는 것이 하나 있는데, 바로 인간의 천재성이다. 곧 천재는

성공하려면 습관을 바꿔라

타고나는 것이 아니라 만들어지는 것이다.

어떤 가문을 보면 대대로 한 가지 분야의 재능이 이어지는 경우가 있다. 그러나 그 재능에 대한 천재성은 누군가에 의해서 당대에 발휘되는 훈장 같은 것이지 결코 이어받는 것이 아니다.

인류사에 위대한 업적을 남긴 천재들의 예를 보더라도 그 부모는 그다지 뛰어나지 않은 평범한 인물인 경우가 많다. 이처럼 천재들은 자신이 살아간 시대에서 오직 혼자만이 이채를 띠는 것이다. 또한 그들의 부모와 마찬가지로 그 자손 역시 지극히 평범한 존재로 일생을 마치는 것이 다반사이다. 그 천재가 그랬듯이 그의 자손들 역시, 부모의 천재성만큼은 이어받지 못하기 때문이다.

혹시 의외의 경우가 있을지는 모른다. 그러나 보통 대대로 천재인 경우는 거의 없는 일로, 지적 능력으로만 본다면 천재에게는 부모도, 자식도 별 의미가 없는 셈이다. 뛰어난 천재들은 자기 스스로의 피나는 노력과 환경적인 요인이 결합하여 만들어진다. 그들에게는 혈연적인 가계보다는 오히려 자신이 태어나서 자라난 환경이 천재적인 재능을 키우는 데 한층 더 중요한 요소였던 것이다. 그러므로 어떤 천재의 이모저모를 분석하여 그 재능의 근본을 따진다는 것은 어리석은 일이 아닐 수 없다.

프랑스 속담에 '부모가 무식한 자녀는 행운아다.' 라는 말이 있다. 이는 부모의 귀여움을 받지 않고 자란 아이는 행복하다는 말과도 일맥상통하는 것이다. 부모의 자녀들에 대한 빗나간 애정 때문에 자녀를 과잉 보호하고 자립심을 빼앗는, 그래야만 부모로서 할 일을 다하는 것인 양 잘못 생각하고 있는 요즈음의 부모들은 꼭 한 번 되새겨 보아야 할 이야기이다.

사회적으로 보잘것없거나 어려운 환경에서 태어났지만 고결한 정신의 소유자들이 있다. 그들은 훌륭하고 고귀한 사상의 소유자들로, 세상에 뛰어난 업적을 남긴 그들을 우리는 흔히 위인이라고 부른다.

그들의 고결한 정신은 우연히 얻어진 것도, 아무나 흉내낼 수 있는 것도 아니다. 부모 덕택에 저절로 얻어진 사회적 신분은 남의 부러움을 산다거나 자신의 처세에 도움이 될지도 모른다. 하지만 그 사회적 신분이 제아무리 높은 것이라 해도, 그것만으로는 결코 위대한 사람, 즉 위인이 될 수 없다.

천재는 바람과 같은 존재라고 한다. 아무런 규칙이나 질서도 없이 마음 내키는 대로 불어오는 바람처럼 누구도 예측할 수 없는 것이다. 이처럼 불현듯 나타난 천재는 어떤 어려운 환경도 이겨내며, 자기 혼자만의 힘으로 삶의 길을 개척한다. 보통 사람들의 삶에 대한 노력은 길을 구하는 것에 치중되지만, 천재는 스스로 자신의 길을 만들어 간다. 즉 천재는 인위적인 환경이나 조건에 의해서 길러지는 것이 아니라 자기 내부의 힘으로 만들어지는 것이다. 그저 평범하거나 그보다도 못한 가정에서 위대한 천재가 배출된 예가 수없이 많다는 사실이 그것을 증명한다.

**자신의 길을 스스로 만들어 가라**

모든 뛰어난 천재들의 두뇌는 자기 스스로의 피나는 노력과 환경적인 요인이 결합하여 만들어진다. 그들에게는 혈연적인 가계보다는 오히려 자신이 태어나서 자라난 환경이 천재적인 재능을 키우는 데 한층 더 중요한 요소였던 것이다. 천재와 보통 사람의 차이는, 보통 사람들은 길을 구하기 위해 노력하지만 천재는 스스로 자신의 길을 만들어 간다는 것이다. 즉 천재는 인위적인 환경이나 조건에 의해서 길러지는 것이 아니라 자기 내부의 힘으로 만들어지는 것이다.

# 미소 뒤에는 성공이 따른다

세일즈맨 출신으로 수백만 달러 규모의 자산을 보유한 기업의 기업주가 되었던 유명한 어떤 사람에 관한 이야기이다.

그의 사무실을 방문한 사람은 우선 벽을 장식하고 있는 값비싼 그림들과 격조 있는 사무실 분위기에 사로잡힌다. 하지만 누구나 할 것 없이 궁극적으로 눈길이 머무는 곳은 그 사람의 책상 뒷벽의 중앙에 걸려 있는 표어이다.

'미소를 지어라!'

커다란 기업을 소유한 그가 자신의 사무실에서 가장 잘 보이는 곳에 붙여둔 이 표어에는 그만한 사연이 있었다.

약 30년 전에 내가 이 일을 시작하던 무렵에는 하루에 16시간에서 18시간이나 일을 해야 했습니다. 사무실이라고 해야 지붕이나 다락방을 개조한 형편없는 규모였지요.

여름에는 계란을 삶을 듯이 더웠고, 겨울에는 얼어붙는 듯한 추위가 몰아쳤습니다. 아내는 그 사무실 구석에 쪼그리고 앉아 단 두 장밖에 없는 나의 팬티를 누더기가 될 때까지 꿰매곤 했습니다.

백화점의 판매원으로 근무하고 있던 그녀의 몇 푼 되지 않는 급료로 방값을 지불하고 식료품을 구입하지 않으면 안 되는 경우도 몇 번이나 있었습니다.

그런데도 상황은 좀처럼 나아지지 않았습니다. 이건 실패다 싶은 생각이 들더군요. 난 집에 들어가 아내에게 이야기했습니다. 모든 게 틀렸다고요. 그런데 오히려 아내는 앞으로 6개월만 더 기다려 보자고 나에게 애원하는 것이었습니다. 그녀는 내가 희망을 잃지 않도록 해 주었죠.

어느 길 할 것 없이 오르막길은 가장 험난한 과정입니다. 그러나 아내는 우리가 최선을 다하고 나면 언젠가는 그 희생이 보상되는 날이 찾아올지도 모른다고 믿었던 것입니다.

그로부터 며칠이 지난 어느 날, 그녀는 아무 말 없이 내 책상 위에 저 표어를 걸어 놓았습니다. 그것은 나에게 잠시 동안의 고난을 잊기 위해 마음을 편하게 가지라는 뜻이었습니다. 어려울 때일수록 웃으라는 뜻이기도 했겠지요.

나는 신경을 날카롭게 하는 사람과 거래상의 이야기를 하지 않으면 안 될 때는 언제든지 그것을 보기로 했습니다. 그러자 이상하게도 유머가 되살아나는 것이었습니다.

이제는 어떤 일에 실망을 했을 때도 저절로 저 글 쪽으로 눈길이 가게 되었습니다. 그것은 나와 나의 사업 방침을 엄청나게 바꿔 놓았습니다. 몇 년이 지나는 동안에 나는 자신감이 넘치고 유쾌하며, 일을 함께하기 쉬운 사람이라는 평을 듣기에 이르렀습니다. 이 평판이 나의 일에 대한 자신감을 일깨워 주었죠. 자신감과 성공은 뗄래야 뗄 수 없는 것임을 알게 되었습니다.

이제 나는 미소 짓는 것이 습관이 되었습니다. 아무리 불쾌한 일이 있어도 일단은 편안하게 미소를 지으며 문제를 해결해 보려고 노력합니다.

나는 항상 작은 일에도 만족하고 자신감을 잃지 않으며, 유쾌한 처신으로 오늘날 이 자리에 오르게 된 것입니다. 앞으로도 미소의 중요성을 결코 잊지 않을 것입니다. 당신도 이 표어가 나의 방에서 가장 좋은 자리를 차지할 가치가 있다고 생각하지 않습니까?

그에게 성공의 까닭을 묻는다면, 지금도 언제 어디서나 이 이야기를 들을 수 있을 것이다. 비단 웃어야 하는 것이 이 경우에만 해당하는 것은 아니다. 곤란한 문제가 언제 어느 때 당신 앞에 나타날지 모르는 일이 아닌가?

어려운 문제에 부딪쳐 힘이 들 때, 곤란한 상담을 해야 할 때도 당신은 웃는 것을 잊어서는 안 된다. 차가 고장나거나 길을 잃어버렸을 때도 마찬가지이다. 웃을 수 있다는 것은 자신감이 있다는 것이다. 내 인생에 주인으로 설 자신이 있다는 것도 된다. 매순간 당신을 옥죄여 오는 어려운 일들보다는 자신이 기쁨을 느끼는 순간이 더 많게 하라.

만약 당신이 정신적인 만족을 갖는 그 비결을 터득하고, 곤란한 문제에 직면해 마음의 평정을 유지하며, 낙담하기에 앞서 당신을 다독거릴 수 있다면, 당신은 성공을 위한 자신감을 몸에 익힌 것이다.

**미소를 지어라**

웃을 수 있다는 것은 자신감이 있다는 것이다. 내 인생에 주인으로 설 자신이 있다는 것도 된다. 매순간 당신을 옥죄여 오는 어려운 일들보다는 자신이 기쁨을 느끼는 순간이 더 많게 하라.

만약 당신이 정신적인 만족을 갖는 그 비결을 터득하고, 곤란한 문제에 직면해 마음의 평정을 유지하며, 낙담하기에 앞서 당신을 다독거릴 수 있다면, 당신은 성공을 위한 자신감을 몸에 익힌 것이다.

# 대인 관계도
## 습관이다

# 위대한 세일즈맨
# 마르코 폴로의 성공 비결

물론 당신은 중국과 유럽과의 무역 항로를 개척한 베니스의 상인 마르코 폴로의 멋진 모험기를 이미 초등학교 시절에 읽었을 것이다.

마르코 폴로는 역사상 가장 위대한 세일즈맨 중 한 사람이었다. 그는 사람들을 내편으로 삼고, 자신이 바라는 대로 인생의 목적을 달성할 수 있었던 대인 관계의 명수였다.

그는 호의를 베푸는 데 있어서 전혀 인색하지 않았다. 더구나 매우 편안하고 자연스럽게 처신했기 때문에 누구도 그의 친절을 '의도적인 것'이라고 눈치채는 사람은 없었다.

사람들은 그가 마음에서 우러나 자기에게 친절을 베풀고 있다고 생각했다. 따라서 그들도 마르코를 위해서라면 뭐든지 기꺼이 도움을 주고 싶어했다. 사람들은 자신의 그러한 행동이 마르코를 위한 것이라기보다는 오히려 자기 자신에게만 허용된 특전이라고까지 생각했다.

비결이 무엇이었을까? 마르코 폴로가 아는 것은 오로지 사람들에게 호감을 사는 요령이 전부였다.

마르코 폴로의 아버지 니콜로와 숙부 마페오는 경험이 풍부한 사업가였다. 그들은 베니스에서 건실한 사업 기반을 닦고 오랫동안 무역을 해왔으므로, 근동에서는 꽤 알려진 노련한 사업가였다. 따라서 어떤 물건을 들여놓으면 돈을 벌게 되고, 또 얼마를 지불하면 적당한지에 대해서도 훤히 꿰고 있었다.

그러나 어린 시절의 마르코는 장사에는 도무지 흥미가 없었다. 사람들과 어울리는 일에나 흥미를 보일 뿐 물건의 시세나 장부 따위는 아예 거들떠보지도 않았다.

마르코 폴로는 밖에서 보내는 시간이 훨씬 많았다. 군중 속에 섞이는 것을 즐겼기 때문이다. 그는 베니스 운하에 곤돌라를 띄우고 손을 흔드는 아름다운 처녀들을 향해 노래를 들려 주는 것을 좋아했다.

그렇지만 마르코 폴로는 총명한 젊은이였다. 그의 아버지는 일찍부터 그것을 알고 있었다. 평소 니콜로는 주변 사람들에게 이런 말을 자주 했다.

"저 아이는 뛰어난 장사꾼이 되든지, 아니면 유명한 시인이 될 걸세."

그는 항상 활달한 성격으로 어디를 가나 사람들을 웃기고 편하게 만드는 재주가 있었다. 훗날 니콜로와 마페오가 중국을 향해 두 번째 여행을 떠날 때 마르코 폴로를 데리고 간 것도 바로 그런 이유 때문이었다. 중국은 매우 부유한 나라였다. 뛰어난 수공예품이나 직물, 온갖 종류의 진귀한 물건들이 넘쳐났다. 그 보물들을 베니스로 갖고 돌아간다면, 엄청난 값으로 팔릴 터였다.

마르코 일행이 베니스를 출발하여 쿠빌라이 칸의 나라까지 도착하는 데에는 6년이라는 긴 시간이 걸렸다. 아버지와 숙부는 여행 도중에 간과의 상거래 요령에 대해서 끊임없이 마르코를 훈련시켰다.

하지만 원나라에 도착한 마르코 폴로는 정작 장사나 흥정보다는 그 나라 사람들에 대하여 더 큰 관심을 보였다. 그는 쿠빌라이 칸과 친한 친구가 되었다. 칸은 마르코 폴로를 총애한 나머지 방 하나를 내 주며 그를 황궁에서 기거하게 했다.

아까운 시간이 흘러갔지만, 마르코 폴로는 장사 얘기는 도통 한 마디도 비추지 않았다.

"저 아이는 애초부터 장사꾼이 되기는 글렀나 보다."

성공하려면 습관을 바꿔라

마르코의 아버지와 숙부는 이렇게 단정해 버렸다.

두 사람은 이윽고 마르코를 데려온 자신들의 결정을 후회하게 되었다. 아무래도 그는 장사에는 관심이 없고, 아예 칸의 곁에서 눌러앉을 심산인 것처럼 보였기 때문이다.

칸은 마르코 폴로를 더욱더 총애하게 됐으며, 그에게 값비싼 선물을 안겨 주기 시작했다. 마침내 마르코 폴로는 칸의 고문으로 임명되었다. 마르코 폴로가 중국의 다른 지방을 방문하여 그 신비한 나라의 생활 양식을 좀더 구체적으로 알고 싶다고 청했을 때, 칸은 기꺼이 그를 황제의 칙사로 임명해 주었다.

심지어 칸은 마르코를 왕자로 삼아 나라를 물려 줄 생각까지 할 정도였다. 그렇게 몇 년의 세월이 흐른 뒤, 폴로 일가가 고향으로 돌아갈 때는 칸으로부터 선물받은 다이아몬드와 사파이어를 비롯하여 산더미 같은 갖가지 보물들을 가져올 수 있었다.

마르코 폴로가 칸의 친구라는 이유만으로 해로를 이용하여 그 모든 물품들을 손쉽게 실어 나를 수 있었던 것이다. 마르코는 이처럼 칸과 우정을 맺음으로써 세일즈의 모든 것을 해결했다. 그는 사업을 수행하는 데 있어서 이처럼 우정이 가장 좋은 수단임을 스스로 깨닫고 있었던 것이다.

## _ 비즈니스맨을 위한 교훈

물론 지금은 마르코 폴로의 시대와는 모든 상황이 달라졌다. 만약에 우리가 본론을 제쳐 놓은 채 바쁜 사업가를 상대로 2~3주일 동안이나 한가롭게 허송세월을 보냈다면, 얼마 가지 못해 '환영'이라는 팻말 대신에 '돌아가는 길은 이쪽' 이라는 팻말이 우리를 인도할 것이다.

그러나 아무리 시대가 바뀌어도 인간의 본성까지 바뀌지는 않는다는 사실을 반드시 기억해 두시라. 호감이 가는 사람을 위해 무언가를 해 주고 싶어하는 마음은 누구에게나, 어느 시대에나 인지상정(人之常情)이다.

여행 도중에 나무나 풀에 관한 독특한 책을 발견하게 되었다고 치자. 당신은 친구들 중 그런 주제에 관심이 있는 누군가를 떠올리게 될 것이다. 그리고 '이 책을 사다 주면 틀림없이 그 친구가 좋아할 거야.' 라는 생각에 책을 구입하게 된다. 그것은 당신이 그 친구를 좋아하고 있다는 확실한 증거다.

대개 우리가 누군가를 진실로 좋아하게 되면, 실패나 결점은 작게 보이고 장점만이 확대되어 보이게 마련이다. 싫어하는 사람의 경우에는 이와 반대다. 장점이 아무리 많아도 그가 하는 일이라면 무조건 마음에 들지 않는 것이다.

앞서 말한 경우는 일상 생활의 어디에서나 쉽게 접할 수 있다.

내가 좋아하는 음악을 어떤 사람은 그 제목만 듣고도 아주 적의를 표할 수도 있을 것이다.

"그 녀석은 싫어. 계집애처럼, 여자같이 비쩍 마른데다가, 아무튼 주는 것 없이 밉다구."

이러한 태도는 옳지 않다. 만약에 어떤 사람이 좋은 목소리를 갖고 있다면, 그 사람이 마음에 들지 않더라도 목소리가 좋다는 사실만은 인정해 주는 게 옳다. 하지만 사람의 좋고 싫음이라고 하는 것은 그렇게 공식대로 되지 않을 때가 많다. 이러한 경향은 보편적인 사람의 심리라는 것이 학자들의 견해이다.

하버드 대학의 어떤 심리학 교수는 학생들을 상대로 다음과 같은 실험을 한 적이 있다. 먼저 몇 가지 문학 작품을 나누어 주고 그 작품이 마음에 드는지 어떤지를 모니터하는 실험이었다. 발췌된 작품은 모두 한 사람의 것이었으나, 학생들은 그 사실을 몰랐다. 교수가 발췌한 작품마다 여러 작가들의 이름을 써놓았기 때문이었다.

학생들은 자신이 좋아하는 작가의 이름이 적힌 작품에는 좋은 평을, 그리고 싫어하는 작가의 이름이 있는 작품에는 아주 나쁜 평을 해놓았다. 이러한 결과는 다른 학교에서도 마찬가지였다.

사람에 대한 편견은 이처럼 상반되는 결과를 가져올 수 있는 것이다. 명심하라. 시대는 바뀌었어도 사람들 사이의 기본적인 원칙은 변하지 않는다.

**상대방의 장점을 인정하자**

누군가를 진실로 좋아하게 되면, 실패나 결점은 작게 보이고 장점만이 확대되어 보이게 마련이다. 싫어하는 사람의 경우에는, 장점이 아무리 많아도 그가 하는 일이라면 무조건 마음에 들지 않는다. 그러나 어떤 사람이 좋은 목소리를 갖고 있다면, 그 사람이 마음에 들지 않더라도 목소리가 좋다는 사실만은 인정해 주는 게 옳다.

## 약점 뒤엔
## 장점이 숨어 있다

"나는 언제나 열등감을 느끼게 될 때는 담배를 입에 물게 됩니다. 담배 피우는 시간이 길면 길수록 기분이 편안해집니다. 내가긴 담배를 애용하는 것도 그 때문이죠."

파나마의 보브 보이드라는 사람의 말이다. 파나마를 방문하는외국 유명 인사들의 의전관인 보이드의 이 말 한 마디는 깊이 새겨들어야 할 구석이 있다.

"빨간 지갑은 나의 자아를 강하게 해 줍니다. 그것은 기분을 아주 좋게 만들거든요."

평범한 부인에게도 이런 경우는 충분히 있을 수 있는 일이다. 어쩐지 세상일에 움츠러들거나 자신이 보잘것없는 존재로 느껴질 때 사람들은 뭔가 돌파구를 찾으려고 하게 마련이다. 즉 자신의 자아를 높이는 방법을 찾게 되는 것이다. 이럴 경우 '긴 담배'나 '빨간 지갑'은 스스로 자아를 높이기 위해 고안해 낸 처방이 될 수도 있다.

엘자 맥스웰은 철도변 빈민굴에서 태어난 가난한 소녀였다. 그녀는 어릴 때 부잣집 소녀들로부터 심한 따돌림을 받았다. 파티에 입고 갈 드레스가 없기 때문에 주말이면 늘 혼자서 지내야 했다. 이 일로 그녀는 심한 열등감을 갖게 되었다. 그 후 엘자는 어떻게 되었을까? 그녀는 세계에서 가장 뛰어난 파티의 기획자가 되었다. 이것이 그녀가 자신의 열등감을 극복한 방법이었다.

대개의 열등감은 고뇌를 불러일으킨다. 열등감에 사로잡혀 있는 사람은, '나에게는 장점이 없다. 무언가가 결여되어 있다. 그러므로 되는 일이 없다.'고 생각하며 괴로워한다. 그리하여 소심한 자아에 꼭꼭 갇혀 사는 내성적인 사람이 되고 마는 것이다.

그러나 어느 때 무엇인가가 그 내성적인 사람의 마음을 사로잡는다. 자신의 결함이 거꾸로 자신의 장점으로 인식되는 순간을 경험하게 되는 것이다. 우리는 어떤 점에서는 남보다 강한 면이 있고, 또 어떤 면에서는 남보다 약한 면이 있다. 마음속에 있는 열등감을 몰아 내기 위해서는 자신의 장점을 더욱 확대시켜야 한다.

에디슨은 귀가 잘 들리지 않았다. 그것이 그의 핸디캡이었으나 어느 날 갑자기 그는 이렇게 깨달았다.

"나는 행복하다. 나 자신이 듣고 싶다고 생각하는 것밖에 듣지 못하기 때문에……"

이러한 사고 방식이 그를 인생의 정상으로 밀어올렸다.

때때로 자신이 가진 치명적인 단점이 성공의 열쇠가 되는 경우가 있다. '내가 가진 단점이 바로 이것이다.' 라고 확실히 알고 있고, '그것을 극복할 수 있는 장점이 내게 있다.' 는 자신감이 우선될 때 성공은 당신을 기다린다. 단점이 있다면 숨기려 하지 마라. 그것보다 더 나은 장점이 당신에게는 분명히 있기 때문이다.

지나치게 내성적인 사람, 다른 사람보다 뒤떨어져 있다는 두려움을 품고 있는 사람, 집회라든가 회의석상에서 아무 발언도 하지 않는 사람, 마치 자기는 불청객이라는 듯이 구석자리에만 앉는 사람, 줄을 설 때도 항상 꽁무니에만 서는 사람, 정면으로 상대방의 눈을 보려고 하지 않는 사람 등은 자신의 결점이 드러날까 봐 몸을 움츠린 결과 오히려 그것을 소리 높여 선전하는 꼴이 된다는 것을 모르고 있는 이들이다.

이와는 반대로 자신의 열등감을 숨기기 위해 과장된 몸짓을 하는 경우도 있다. 지나치게 수다스러운 것도 사실은 비정상이다. 사람은 뭔가 두려워하고 있을 때는 지나치게 수다스러워진다. 대개 이런 경우에는 아무런 의미도 없는 말을 정신없이 지껄이게 된다. 수다스럽게 지껄임으로써 자신이 지니고 있는 약점이나 결점이 숨겨진다고 믿기 때문이다. 함부로 지껄이는 사람에게는 절대로 속지 마라. 그는 허세를 부리며 상대방을 혼란에 빠뜨리는 사람이다.

수다스러운 것은 외향적인 성격과 엄연히 다르다. 외향적인 성격은 본래 타고난다. 매사에 정력적이고 항상 발랄하며, 탄력 있는 사고 방식을 가진 사람이 이에 속한다.

사람의 우열을 교육의 정도나 생활 수준 따위로 판가름할 수 있는 것은 아니다. 물론 교육을 받지 않는다는 것은 성공에 불리한 조건이 될 수도 있다. 그러나 교육이 성공의 필수적인 조건이 되는 것은 결코 아니다.

드루먼 같은 사람은 가난한 하층민 출신이었으나, 마침내 대통령이 되었다. 그는 결코, 이른바 인텔리는 아니었다. 그러므로 당신의 교육이 당신의 운명을 좌우한다고 생각해서는 안 된다.

흔히 우리는 부유한 환경이나 높은 학벌에도 불구하고 인생의 낙오자가 되는 사람들을 주변에서 보게 된다. 모든 것은 인생의 목표에 도전하는 당신의 의욕에 달려 있는 것이다.

졸업장을 자랑삼는 사람들은 결코 어떤 곳에 가더라도 환영받지 못한다. 가령 명문 대학 배지를 달았다는 것은 참으로 멋진 일이지만 당신의 마음속에까지 그것을 부착한다면, 당신의 친구가 될 이는 그 누구도 없음을 기억하라.

눈에 보이는 조건만을 가지고 사람의 가치를 평가하려는 편견의 어리석음을 우리는 종종 자기 자신에 대해서뿐만 아니라 남에게도 범하고 있다.

## _ 다른 사람을 함부로 판단하지 마라

'낡은 포드를 타고 있는 사람을 무시하지 마라.'는 말이 있다. 그 사람은 언젠가 롤스로이스를 탈 수 있는 가능성이 있는 사람일지도 모르기 때문이다. 물을 가득 채운 주전자는 소리를 내지 않는 법이다.

어떤 호텔 프런트에 초라한 옷차림의 노신사가 방을 예약하러 왔다. 호텔 객실 담당자는 노신사의 남루한 옷차림을 힐끔거리며 그를 구석 쪽에 있는 싸구려 방으로 안내했다. 그 노신사는 몹시 기분이 언짢아진 표정으로 자신의 이름을 밝혔다. 그러자 객실 담당자는 당황할 수밖에 없었다. 그 노신사는 바로 세계적인 체인점을 갖고 있는 그 호텔의 주인이었던 것이다.

우리는 누구나 다른 사람에게 무시당하는 것을 불쾌하게 생각한다.

"그들은 내가 피아노 앞에 앉는 것을 보고는 웃었다. 그러나 내가 연주를 시작하자 그들의 눈은 놀라움으로 바뀌었다."

이것은 한 피아노 제작회사의 카피로 쓰여졌던 말이다. 이 광고가 나간 뒤, 그 회사는 평소보다 몇 갑절이나 웃도는 매출액을 기록했다.

## _ 상대방을 '두 번 기쁘게' 하지 마라

다른 사람에게 무시당하고 싶지 않은 마음은 곧 남에게 인정받고자 하는 욕구와 통한다. 이러한 욕구가 실현되지 않았을 때 사람들은 열등감이라는 큰 상처를 받게 된다.

앞의 광고는 남에게 인정받기를 원하는 사람의 심리를 교묘하게 이용한 것이다. 다른 사람에게 잘 보이고 싶다면 가급적 자주, 많이 상대를 칭찬하라. 대부분의 사람들은 칭찬에 굶주려 있다.

남에게 칭찬받고 싶으면, 민저 남을 인성해 술 줄 알아야 한다. 그것이 당신의 열등감을 극복하고 성공의 지름길로 나갈 수 있는 가장 안전한 대비책이라는 것을 기억하라. 따지고 보면 사람의 호감을 얻는 것만큼 쉬운 것은 없다. 먼저 그들을 칭찬하고 그들을 즐겁게 해 주면 되는 것이다.

자기 자신에 대해서 열등감을 갖고 있거나 남에게 편견을 갖고 있는 사람은 결코 상대방을 기쁘게 해 줄 수가 없음을 명심하라. 당신 스스로 자신의 재능을 깨닫고 그것을 숨기지 않는 것이 열등감을 극복하고 남을 즐겁게 할 수 있는 최선의 방법이다. 그런 당신은 결코 대화의 뒷전으로 밀려나는 법 없이 얼마든지 상대의 호감을 얻을 수 있다.

당신은 사람을 만나는 일이 두렵게 느껴질 수도 있다. 그것은 왠지 상대방이 자신과의 대화를 즐기지 않으리라는 염려 때문이다. 그렇다면 먼저 당신 스스로 상대방을 즐겁게 하기 위한 묘기를 부려 보는 것은 어떤가.

이럴 때 특히 주의해야 할 것은, 상대방에게 당신과 만난 것도 기쁘지만 당신 곁을 떠나는 것 역시 기쁘게 만들어서는 안 된다는 것이다. 상대방을 '두 번 기쁘게 하는' 결례를 범하지 말아야 한다는 사실을 주목해야 한다. 첫인사도 중요하지만 작별 인사는 더욱 중요하기 때문이다. 기껏 의미 있는 대화를 주고받은 뒤에 '이제 볼장 다 봤다.'는 식으로 작별 인사를 해 버리면 상대가 얼마나 불쾌하고 어이없겠는가.

처음 만났다면, '안녕하십니까?' '좀 어떻습니까?' '날씨가 좋군요.' 따위의 낡아빠진 인사는 가급적 자제하라. 그것은 누구나 할 수 있는 말이다. 너무 거드름을 피우는 인사도 피해야 한다. 인사 하나로 상대방을 압도하려는 태도는 불쾌감을 불러올 뿐이다.

당신이라면 상대방에게 흥미를 일으키게 만드는 화제나 상대방의 자아를 높여 주는 말을 찾아야 한다. 이를테면 '소문은 듣고 있었습니다만…….' '한 번 뵈려고 늘 생각하고 있었습니다.' 이런 식으로 상대방에게 당신을 단도직입적으로 인식시킬 수 있는 표현법을 쓰라는 것이다.

'지난번 모임에서 한 번 뵌 적이 있는 것 같은데요.' '언젠가 TV에 출연하신 적 있지 않으십니까?' 등의 표현으로 상대방에게 가능한 '내가 당신을 주목하고 있다.' 는 의사를 전달하고, 그의 주의를 당신 이외의 어떤 것에도 **빼앗기지** 않도록 해야 한다.

사교상의 만남이든 사업상의 만남이든, 어쨌기나 당신은 상대방과의 만남을 소중하게 여기고 있다는 느낌을 끊임없이 전달해야 한다. 마지막으로 당신의 열등감을 위로하기 위한 영국 속담한 마디.

'너무 재주가 많은 사내도 처자식을 굶길 수 있다.'

**자신의 단점이 성공의 열쇠가 되는 경우가 있다**

'내가 가진 단점이 바로 이것이다.' 라고 확실히 알고 있고, '그것을 극복할 수 있는 장점이 내게 있다.' 는 자신감이 우선될 때 성공은 당신을 기다린다. 단점이 있다면 숨기려 하지 마라. 그것보다 더 나은 장점이 당신에게는 분명히 있기 때문이다.

## 주목받고 싶다면
## 먼저 남을 주목하라

피아노 연주가인 리베레이스는 언젠가 이런 질문을 받은 일이 있었다.

"당신은 연주회를 열 때마다 피아노 위에 촛대를 올려놓는 습관이 있던데, 특별한 이유라도 있습니까?"

리베레이스의 대답은 아주 간단했다.

"청중들의 주의를 끌기 위해서입니다."

"특이한 무대 의상도 역시 주의를 끌기 위해서입니까?"

"그렇습니다."

"피아노 위에 촛대를 올려놓지 않더라도 당신의 그 멋진 음악 자체가 주의를 끌게 하는 도구 아니겠습니까?"

"아무리 좋은 음악이라도 사람들의 기억 속에 영원히 좋은 인상을 남겨 줄 수는 없습니다. 여기엔 반드시 기억을 환기시킬 수 있는 장치가 필요합니다. 청중들이 내 연주회를 떠올릴 때마다 '바로 그거였어!' 하고 곧 연상하게 되는 어떤 특이한 것이 없으면 안 됩니다. 어느 날 우연히 한 개의 촛대가 내 피아노 위에 놓여져 있었습니다. 나는 그것이 청중들의 기분을 부드럽게 해 주고, 그날 밤 나의 연주회를 좀더 만족스럽게 여길 수 있었던 훌륭한 장치였다는 걸 알게 되었죠."

그는 또 어느 날 밤 헐리우드 홀에서 오케스트라를 지휘하던 때의 경험을 통해서 무대 의상의 변화를 꾀하게 되었다는 이야기도 덧붙였다.

"연주가들은 모두 검은 양복을 입고 무대에 오르는 게 유행처럼 인식되던 때였지요. 나는 흰 양복을 선택했습니다. 그런데 그 연주회의 기획자는 뭔가 색다른 의상이 더 나을 것 같다는 조언을 해 주더군요. 사실 흰 양복도 청중들의 주의를 끌기엔 진부해 보였답니다. 그래서 나는 요란한 장식이 달린 화려한 무대 의상을 입기로 했습니다. 결과는 대성공이었죠."

실제로 리베레이스는 엘리자베스 여왕 앞에서 연주할 때도 의상 덕을 톡톡히 보았다.

"그때 나는 온통 다이아몬드로 장식한 재킷을 입었습니다. 그것을 만드는 데 1만 달러나 들었습니다. 손해본 건 아니었죠. 입장 권을 산 사람들이 그 대금을 지불해 준 셈이니까요.”

리베레이스는 훌륭한 쇼맨십을 갖춘 연주가였다. 그는 무대에 서 연주가 끝나고 나면 청중들로부터 곧 잊혀지고 마는 것을 방지 하기 위해 온갖 노력을 쏟은 사람이었다.

당신은 어쩌면 이렇게 말할지도 모른다. ‘그것은 극장에서나 통 용되는 방법일 뿐 비즈니스의 세계에서는 아무짝에도 소용이 없 는 일’이라고. 그렇다면 헐리우드에 있는 리베레이스의 집 또한 많은 사람들의 주의를 끌고 있다는 것은 어떻게 받아들일 것인가.

리베레이스는 자신의 집 수영장을 피아노 모양으로 설계했다. 사람들은 이 독특한 디자인의 수영장을 구경하기 위해 수시로 담 장 안을 엿보았다. 리베레이스는 사람들이 담 너머로 자신의 집을 들여다보는 것을 예의 주시했다. 그리하여 그는 자기 집과 똑같은 모양의 집을 설계해서 일반에 매매하기 시작했다. 그리고 아파트 도 지어 팔았다. 그의 부동산 사업은 대성공을 거두었다.

이것이 정말 우스꽝스러운 일일까? 판단은 당신의 몫이다. 다만 한 가지 분명한 것은, 그러한 노력으로 리베레이스는 돈 보따리를 주체하지 못할 만큼 큰 부자가 되었다는 사실이다.

사람들의 주의를 끈다는 것은 아주 중요한 일이다. 주목받지 못하면 성공의 기회도 그만큼 늦춰지게 된다. 사람들이 당신 말을 귓등으로 듣는다면, 그것은 당신이 그들의 주의를 사로잡지 못했기 때문이다. 그들은 쳐다보기만 할 뿐 사실 당신의 말은 한 마디도 듣고 있지 않다는 것이다.

심지어는 얼굴만 당신을 쳐다보고 있고, 눈으로는 결코 당신을 보지 않는 경우도 가끔 있을 수 있다. 참으로 난처한 일이다. 어쩌다 당신은 주위 사람들 속에 파묻혀 버린 것인가? 만약 일 주일이 지난 후, '뭐? 자네도 그 모임에 참석했단 말이야? 난 자네가 없는 줄 알았는데…….' 이런 말을 듣는다면 당신은 허탈해질 것이다. 그들에게 있어서 조금도 중요하지 않고 필요한 사람도 아니었다는 사실을 확인하게 되는 순간이 아닌가.

무엇 때문에 당신은 이토록 초라한 존재로밖에 기억되지 못했는가? 당신은 아마도 다른 사람들의 주의를 끌어당기는 노력을 게을리했을 수도 있다. 즉 대화에 활발하게 끼여들지 못했기 때문에 좋은 말상대가 되어 주지도 못했고, 상대방을 위해 유쾌한 청취자 역을 맡지도 못했던 것이다.

## _ 쇼맨십을 활용하라

다른 사람의 주의를 끌어당기는 방법의 하나로 우리는 몇 가지 상술을 활용해 볼 필요가 있다. 일례로 소매점에서는 주의를 끌기 위해서 색다른 정가를 붙인다. 물건값에 9자 돌림의 정가를 붙이는 방법이 그 중 대표적인 경우다. 9센트, 19센트, 99센트, 1달러 39센트, 1달러 90센트 등의 정가는 상당히 값을 내린 것 같은 착각을 불러일으킨다. 그 결과, 무심코 지나던 사람들의 눈길을 상품에 끌어들일 수 있다.

8자 돌림의 정가표도 흔히 사용하는 수법이다. 8센트, 18센트, 88센트 따위로 이어지는 숫자는 지금까지 9라고 하는 숫자에 익숙해진 사람들의 주의를 끌기에 충분한 조건이다. 어떤 세일즈맨은 고객에게 1달러짜리 지폐와 함께 이런 편지를 보냈다고 한다.

'1달러의 값어치만큼 당신의 시간을 사고 싶은데, 괜찮으시겠습니까?'

이 정도면 충분히 고객의 흥미를 유발시킬 수 있지 않은가.

폴크스바겐은 미국에서 판매되고 있는 외제 승용차 가운데 가장 오래도록 인기를 끌고 있다. 그들의 광고 수법이란 사실 특별한 것이 없다. 일단 그들은 차량의 전시 공간을 최대한 넓게 사용한다. 그리고 다음과 같은 짧고 센스가 있는 표지 광고로 소비자의 구매 욕구를 자극하는 것이다.

'오랜 세월에 걸쳐 스타일의 변화는 없었습니다. 그러나 금년만 하더라도 57군데나 되는 눈에 보이지 않는 부분의 품질 개선에 힘썼습니다.'

롤스로이스는 시계 하나로 차 전체의 품질에 주의를 끌어당기고 있다. 그들의 주된 광고 카피는 바로 이런 것이었다.

'시계는 이 차에서 가장 까다로운 부품입니다. 그러나 본사의 엔지니어는 아직도 그 부분을 계속 연구 중입니다.'

결국 그들은 승차감이라든가 안정성 같은 자동차의 중요한 기능에 대한 자신감을 '시계' 라는 사소한 부품을 이용하여 더욱 크게 부각시킨 것이다.

달라스에 있는 메츠거 버터 회사의 광고는 좀더 특이하다. 먼저 그들은 텔레비전에 등장한 모델에게 이런 말을 하게 한다.

"아무쪼록 다음 1분 간만 저희들 제품에 주의를 기울여 주십시오. 이것은 여러분의 지각 테스트가 될 것입니다."

시청자들이 텔레비전을 지켜보고 있는 동안 극히 순간적으로 메츠거 상표가 등장하게 된다. 그리고 나서 그 모델은 사람들이 열심히 주목하고 있는 동안, 아무것도 하지 않는다. 곧 1분 간을 잠자코 눈을 감고 있는 것이다. 광고 선전은 아무 데도 나오지 않았지만 시청자들은 그 1분 동안 계속해서 '메츠거 버터'를 자신의 마음속에서 떠올리고 있다는 사실을 알게 되는 것이다.

간혹 드러내 놓고 강조하는 것보다 눈에 보이지 않는 메시지를 활용하여 사람들의 주의를 끌어당기는 방법으로, 집안에 손님을 초대한 안주인 옷차림을 예로 들 수 있다.

그녀가 평소와 다른 옷을 입고 요리를 대접하는 것은 일종의 메시지를 전달하는 것이다. 그녀는 특이한 연출로써 그들의 방문을 잊지 않고 있다는 사실을 무언중에 손님들에게 인식시키고 있다. 그리고 이 방법에 의해서 그녀는 손님들의 주의를 일단 자기 집과 자기 가정으로 끌어들이는 데 성공했다고 할 수 있다.

이럴 때 누군가 특별히 상대해야 할 손님의 주의를 끌게 하는 최고의 방법은 그 사람을 다른 방으로 데리고 가는 것이다.

"중요한 문제로 상의드릴 게 있습니다."

이렇게 말한다면, 상대방은 주인의 남다른 관심과 환대에 홀딱 넘어가게 되는 것이다.


모든 사람들의 가장 큰 욕망은 아마도 주의 깊게 존경을 받는 데 있을 것이다. 러시아는 주의를 끌기 위해 우주선을 쏘아 올려 세계를 놀라게 했다. 또 흐루시초프는 유엔 본부에서 신발을 벗고 탁자를 마구 두들겼다. 물론 예의에 벗어난 일이지만 확실히 다른 사람의 이목을 집중시키는 데에는 성공한 방법이었다.

카스트로는 뉴욕을 방문했을 때 자기 방에서 닭을 잡아먹었다. 그의 트레이드마크는 항상 작업복을 입고 턱수염을 기른다는 점이었다. 턱수염이 없는 카스트로를 어떻게 상상할 수가 있단 말인가?

어떤 세계적인 지도자는 책상보를 몸에 두르고 다녔다. 또 어떤

지도자는 터키 모자를 쓰고 다녔다. 그들 모두 남의 주의를 끌어당기게 하는 데 있어서 천부적인 쇼맨십을 발휘할 줄 아는 사람들이다.

그러나 경고해 두고 싶은 것이 있다. 남의 주의를 끄는 것도 좋지만, 비정상적이라고 여길 정도의 지나친 행동은 하지 말아야 한다. 별스러운 행동을 상대방이 불쾌하게 생각한다면, 지금까지의 당신의 노력은 일순간 수포로 돌아간나는 섯을 기억하라. 말하자면 좋은 매너를 가져야 한다는 것이다.

윌리엄 길모아 사므즈는 '예의나 행실이 좋아지도록 하는 유일한 방법은 늘 자기 행동에 관해 곱씹어 반성하는 것이다.' 라고 입버릇처럼 말해 왔다. 심사 숙고하는 사람은 주의를 끌게 한다. 주의 깊은 사람은 다른 사람의 주의를 끌게 되는 것이다.

"마음에서 우러나온 것이 아니면 겉으로 아무리 친절하더라도 진실로 사람들을 기쁘게 할 수는 없다."

휴 브렐의 말이다. 그러므로 남의 주의를 끌려고 할 때는 항상 그 방법이나 태도가 성실한 것이 아니면 안 된다. 볼테르도 이렇게 말했다.

"항상 모든 사람에게 친절할 수는 없지만, 친절하게 이야기하는 것은 언제나 가능하다."

진실로 주의를 끌기 위해서는, 예의 바른 태도와 좋은 대화를 통해서 상대방을 유쾌하게 만드는 것 이상 더 좋은 방법은 없다. 중국의 속담에도 '비록 사람 키 높이의 지폐를 쌓아 놓는다 하더라도 시간은 한 뼘도 살 수 없다.' 라는 말이 있다.

대인 관계에 있어서의 예의 바른 태도는 다른 사람의 시간을 존중함으로써 당신에 대한 주의나 관심을 손에 넣을 수 있는 방법이다. 대접을 받고 돌아온 후에는 반드시 그 사람에게 전화를 하는 예의를 잊지 말아야 한다. 매우 즐거웠다고 말하는 것이다. 그렇게 하면 상대방도 당신에게 답례를 하고 싶어할 것이다.

## _ '우정' 이라는 대원칙에 충실하라

다른 사람의 주의를 끌기 위한 대화를 하면서 최악의 실수를 저지르는 것으로는 제삼자에 대한 비난이나 지나친 자기 자랑, 그리고 상대방을 신뢰하지 않는 듯한 태도를 들 수 있다.

당신은 어떤 경우에라도 가십 메이커가 되지 말아야 한다. 남의 흉을 들먹이기 좋아하는 사람은 존경받지 못하는 법이다. 특히 그 자리에 참석하지 않았던 사람의 험담은 피해야 한다. 부득이 그 말이 필요한 경우라 하더라도, '한 번 더 잘 생각해 보고 난 뒤에 말해야겠다.' 는 마음가짐을 항상 잃지 말아야 한다.

자기 자랑도 알맞게 해야 한다. 그것은 당신을 선전하는 방법이 될지는 모르지만, 너무 지나치면 상대방을 질리게 한다는 사실을 기억하라. 상대방이 말한 것에 대해서 의심을 품는 것은 그 중에도 가장 나쁜 태도이다.

한 번 더 중국의 속담을 예로 들어 보자.

'사람을 믿지 않는 것보다는 차라리 속아 넘어가는 게 낫다.'

당신이 너무 의심이 많으면 의심스러운 듯한 행동을 하게 되고, 의심이 가는 듯한 말을 하게 된다. 그 결과, 당신 자신도 신뢰할 수 없는 인물이 되고 만다. 의심스럽다는 것을 말로 표현할 경우에는 최대한 조심스럽게 하지 않으면 안 된다. 말은 물처럼 쉽게 흘러나올 수가 있지만 결코 주워담을 수는 없기 때문이다. 상대방을 비난하기 이전에 다시 한 번 더 생각하라.


주목을 받고 싶다면, 먼저 상대방을 주목해야 한다. 친한 친구로부터 식사 초대를 받고 싶다면 그 집 요리사를 모욕하지 마라. 좋은 벗은 삶의 귀중한 보배이다. 아무리 말솜씨가 좋은 사람도 상대방의 기분을 유쾌하게 만들지 못한다면, 좋은 친구를 만날 수 없음을 잊지 말아야 한다.

서로 올바른 대인 관계를 유지하기 위해선 다음에 제시하는 방법들에 주목해야 한다.

**첫째, 물을 마시라고 권하기 전에 목마르게 만들어라.**

상대방이 당신과 친해지고 싶다는 갈증을 느끼게 된다면, 그 사람은 당신의 가장 좋은 벗이 될 것이다. 결코 누군가의 추종자가 되지 말고, 그를 당신편으로 유도해야 한다. 그러기 위해서는 당신에게도 다른 사람의 호감을 듬뿍 얻을 수 있는 매력이 있어야 한다. 그것으로써 당신의 우정을 '목마르게 하고 배고프게 하는' 것이다.

**둘째, 빈 상자를 팔아서는 안 된다.**

상대방을 '목마르게 하는' 방법이 하나 있다. 당신이 갈망하고 있는 것 이상의 것을 언제나 상대방에게 주는 것이다. 주지 않고 받기를 원하는 이는 늘 사람들을 실망시킨다. 그러므로 당신은 호감의 선물 상자를 언제나 가득 채워 놓아야 한다. 남에게 친절을 받기보다는 많이 베풀도록 노력하라.

**셋째, 상대방에게 보조를 맞추도록 하라.**

당신의 우정에 '굶주리게 하는' 또 하나의 뛰어난 방법은 상대방에게 보조를 맞추어 주는 것이다. 그들의 취미, 관심, 감정을 정확하게 파악하라. 그리고 나서 그것에 자기 자신을 맞추는 것이다. 상대방이 당신에게 보조를 맞추도록 강요해서는 안 된다.

**넷째, 상대방을 납득시킬 수가 없다면, 그들과 한패가 되도록 하라.**

상대방을 납득시킬 수가 없다고 깨달았을 때는 그와 협력하는 것이 호감을 잃지 않는 방법이다. 처음에 자신을 양보하는 것도 긴 안목으로 볼 때는 이득이 되는 경우가 많음을 잊지 마라.

 **서로 올바른 대인 관계를 유지하기 위해 주목해야 할 것들**

첫째, 물을 마시라고 권하기 전에 목마르게 만들라.

둘째, 빈 상자를 팔아서는 안 된다.

셋째, 상대방에게 보조를 맞추도록 하라.

넷째, 상대방을 납득시킬 수가 없다면, 그들과 한패가 되도록 하라. 양보하는 것도 이득이 된다.

성공하려면 습관을 바꿔라

# 다른 사람의 협력을 유도하라

세계적으로 유명한 호텔 경영자였던 스태들러는 평소 입버릇처럼 이렇게 말하곤 했다.

"종업원들에게 일을 시키려면 그들이 왜 그 일을 해야 하는지, 그리고 당신은 왜 그에게 일을 시키는지에 대해서 명확하게 설명할 수 있어야 한다. 일하는 사람에 대한 신뢰나 중요성을 인식시키지도 않으면서 어떻게 그를 다루려고 하는가?"

실제로 스태들러는 사람을 다루는 데 있어서 천부적인 소질을 타고난 경영자였다고 전해진다. 스태들러를 둘러싼 많은 일화들이 전해지지만, 다음의 작은 일화만으로도 그가 어떤 경영자였는지 잘 알 수 있을 것이다.

어느 날, 스태들러는 손님과 함께 자신이 소유하고 있는 호텔 객실을 둘러보고 나오던 중이었다. 그는 근처의 종업원에게 이층 방의 창문을 닫으라고 지시했다. 창문 닫는 일을 하찮게 여겨 불만을 표시했을 수도 있었을 그 종업원에게 스태들러는 이런 말을 덧붙여 주었다고 한다.

"곧 태풍이 올 것 같은데, 그 방에는 아주 비싼 커튼이 걸려 있어서 빨리 문을 닫지 않으면 커튼이 못 쓰게 될 걸세."

종업원은 스태들러의 말이 떨어지기가 무섭게 이층으로 뛰어 올라갔다고 한다. 창문을 닫기 위해서가 아니라 비싼 커튼을 망가뜨리지 않게 하는 데 '한몫하기' 위해서 종업원은 득달같이 달려간 것이다.

사람의 마음을 다루는 방법에는 여러 가지가 있을 수 있다. 스태들러는 일하는 사람으로 하여금 자기 역할이 얼마나 중대한 것인지를 일깨워 줌으로써 자발적인 협력을 얻어 낸 셈이다.

최근에 이에 대한 또 하나의 방법을 알게 되었다. 즉 후퇴의 기술을 통한 접근법으로도 충분히 사람의 마음을 끌어당길 수 있다는 사실이다. 이것은 약간 고전적인 방법이긴 하지만, 오늘날까지도 통용될 수 있는 심리적 전술이 될 수 있다는 것을 런던의 어느 자동차 세일즈맨의 경우로부터 배울 수 있을 것이다.

세일즈맨이라기보다는 차라리 외교관으로 부르는 것이 적당하다고 느껴질 정도로 사람 다루는 솜씨가 거의 수준급이었다는 그의 경우는 다음과 같았다.

그는 고객을 상대하면서 한 번도 억지로 파는 것 같은 행동은 하지 않았다. 언제나 차 앞에서 조금 떨어져 서 있는 그 모습이 언뜻 보기엔 제삼자가 아닌가 하고 느껴질 지경이었다고 한다. 그리고 한 마디도 떠들지 않고 마치 루벤스의 그림이라도 감상하는 듯한 표정으로 차를 바라보곤 했다.

그는 자신이 팔고자 하는 자동차의 특징에 대해서 얼마든지 설명할 수가 있었지만, 그렇게 하지 않았다. 고객의 질문에 대답만 할 뿐이었다. 그의 판매 전략은 바로 고객의 흥미를 증가시키기 위해 한 발 뒤로 물러선다는, 이른바 '후퇴의 전략' 이었다.

너무 강요하면 상대방을 손닿지 않는 곳으로 밀쳐내 버리는 결과가 되기 쉽다. 이럴 땐 조용히 공격의 고삐를 늦추고 한 발 뒤로 물러서는 것이 오히려 상대방을 바짝 다가오게 하는 방법이 될 수 있다. 참으로 가치 있는 것은 굳이 설명이 필요 없는 것이다.

스스로 가치를 알게 하라. 그러나 항상 친근한 태도를 취하라. 자칫 너무 세게 밀어 내면 상대가 도망치지 않을 수 없게 된다. 무관심한 듯하지만 친절하게 당신이 데리고 가고 싶은 곳으로 상대를 교묘히 이끌어라.

당신이 갖고 있는 것을 상대가 원하도록 만드는 것이야말로 진정 그가 당신편에 서게 만드는 것일 뿐만 아니라, 상대를 재빨리 사로잡는 요령이다.

## _ 소속감을 이용하라

다른 사람의 협력을 구하는 또 하나의 방법으로는 '권위'를 주는 방법이 있다.

이 방법은 어느 나라 군대에서나 알고 있는 방법이다. 모든 군대에서는 말단 졸병으로부터 상사 장군에 이르기까지 여러 가지 직함이 주어진다. 이 방법은 학교에서도 적용시킬 수 있다.

달라스 시의 존 P. 퍼싱 학교의 교장 선생인 봅브레슈는 이 방법을 학교에서도 적절히 사용한 사람으로 잘 알려져 있다. 누군가 그에게 학교 문제아들을 나루는 방법에 대해 질문한 적이 있다.

"난폭한 아이들은 어떻게 다룹니까?"

봅브레슈 교장은 이렇게 대답했다.

"이런 아이들에게는 직함을 붙여 줍니다. 지금도 기억나는 학생이 있는데, 여자 아이들을 너무 못살게 구는 바람에 골머리를 썩혔지요. 어느 날 나는 그 아이를 불러, '이제부터 너를 반장으로 임명할 테니, 다른 아이들을 잘 보살펴 줘라.'라고 말했습니다. 그 아이의 얼굴이 환해지더군요. 그리고 그때부터 착실한 모범생이 됐어요."

회사에서도 비협조적인 직공을 조장으로 임명하는 수법을 자주 쓴다. 그를 불러, '자네가 조장이 되어 주었으면 좋겠네.' 라고 말해 보라. 아마도 그는 속으로 '이제야 제대로 대접받게 되었구나.' 라고 생각할 것이다. 그리고 그는 기대했던 대로 훌륭한 일꾼으로 변모할 것이다. 잔업도 제일 늦게까지 남아서 하고 매사에 적극성을 띠는 조장이 될 것이다. 과거의 골칫거리 직공이 그였다는 사실을 기억하는 이는 아무도 없다. 모든 권위에는 책임이 뒤따른다는 것을 그는 누구보다 잘 알고 있기 때문이다.

사람들에게 어떤 특정한 소속감을 불러일으키는 것도 자발적인 협력을 구하는 또 하나의 방법이 될 수 있다. 대부분의 사람들은 소속감을 즐기는 경향이 있다. 더구나 어딘가 눈에 띄는 그룹의 멤버가 되었다는 사실은 상당한 자부심을 안겨 준다.

나폴레옹은 이러한 전략을 벌써 몇백 년 전에 발견했다. 그는 자신의 군대에 '러시아 원정의 용사' 들이라는 이름을 붙여 주었다. 그들은 조국의 영광을 위하여 특별히 고르고 골라서 선발된 최정예 요원 대접을 받았다. 그렇다고 해서 다른 군인들보다 월급이 많았던 것도 아니었다. 단지 그들의 명예욕과 소속감을 자극한 것이었다.

그는 이렇게 말했다.

"그대들은 러시아를 정복하기 위해서 특별히 선택된 용사들이다. 그대들이라면 충분히 이 일을 해낼 수 있기 때문이다."

나폴레옹의 병사들은 이 말에 고무되어 기꺼이 목숨을 아끼지 않고 싸웠다.

이와 같이 다른 사람의 협력을 얻기 위한 방법으로써 하나의 공통된 진리는 바로, '당신은 나의 기대를 받고 있다. 당신은 중요한 사람이다.' 라는 감정을 느낄 수 있도록 배려해 주는 것이다. 그러므로 유능한 지도자들은 항상 자기 자신보다는 '당신' 이나 '우리' 를 강조하는 표현법으로 상대를 설득하는 재주가 있었다.

다른 사람의 협력을 얻고 싶다면, '나' 를 잊고 '우리' 를 강조하라. '당신' 이란 말은 모든 대인 관계의 표현법 중에서도 가장 중요한 의미를 지닌다.

'당신' 과 '나' 는 '우리' 를 구성하는 요소이다. 사람을 제대로 다룰 줄 아는 사람은 '우리' 라는 말을 적재적소에 사용할 줄 안다. 회사 일을 하면서도 '우리' 라는 말을 듣는 사람은 돈으로 고용된 노무자라는 수동적인 가치관 대신 팀의 멤버라는 적극적인 사고 방식으로 업무에 임하게 된다. 협동심을 자극하는 것은 사람을 일하게 만드는 위대한 방법이다.

대화에서 '나' 라는 말은 세상에서 가장 편협한 의미를 담고 있다. '나' 라는 말은 상대의 중요성을 인정하지 않는 발언이다. 상대의 가치와 중요성을 인정하는 동시에 그가 우리들과의 유대 관계 속에 놓여 있음을 끊임없이 확인시켜 주어야 한다. '당신은 우리들 속에 있는 당당한 한 사람'이라는 생각을 그가 계속 하도록 만들어야 한다.

그것이 바로 상대로 하여금 '나는 기대되고 있다. 나는 중요한 사람이다.'라는 자부심을 갖고 당신과 협력하도록 만드는 가장 지혜로운 방법이라는 것을 기억하라.

**상대방을 사로잡는 요령**

자칫 너무 세게 밀어 내면 상대가 도망치지 않을 수 없게 된다. 무관심한 듯하지만 친절하게 당신이 데리고 가고 싶은 곳으로 상대를 교묘히 이끌어라. 당신이 갖고 있는 것을 상대가 원하도록 만드는 것이야말로 진정 그가 당신편에 서게 만드는 것일 뿐만 아니라, 상대를 재빨리 사로잡는 요령이다.

## 친절한 사람이
## 성공도 빠르다

　조지는 달라스 시의 아스레티크 클럽의 웨이터였다. 그는 손님 늘 누구에게나 항상 친절한 시중을 들기로 정평이 나 있었다. 그도 가끔은 소금을 빠뜨리고 음식을 내오거나, 설탕 항아리가 텅 빈 테이블에 손님을 안내하는 경우가 있었다. 그러나 누구도 그 사실 때문에 불쾌해 하지 않았다. 모두들 그의 친절에 확신을 가지고 있었기 때문이다. 그는 친절하고 성실하며, 결코 빈틈이 없었다.

　조지의 손님 중에는 J. W. 브란턴이라는 깐깐한 노신사가 있었다. 그는 거의 1백 세에 가까운 고령임에도 불구하고 식사 때마다 고기를 거른 적이 한 번도 없는 사람이었다. 조지는 그를 위해 매번 잘게 자른 연한 고기를 식탁에 대령하곤 했다. 또한 그가 식당을 가로질러 카운터 앞으로 나오면, 조지는 그에게 지팡이를 쥐어 주고 엘리베이터까지 안내했다. 아래층에는 또 다른 웨이터 두 사람이 현관까지, 혹은 길 건너 그의 사무실까지 데려다 주기 위해서 미리 대기하고 있었다. 우리는 이런 행동을 두고 바로 친절이라고 말한다.

"친절은 힘으로 명령할 수도, 돈으로 살 수도 없는 유일무이한 서비스이다."

이것은 고대 때부터 속담으로 전해지는 말이다. 조지는 이 속담을 들어 보지도 못했지만, 그 원리는 본능적으로 깨우친 사람이었다.

랄스 에릭 린드바드는 친절을 자본으로 해서 여행업을 성공시킨 것으로 유명한 사람이다. 그의 성공의 무기는, 항상 좋은 이야기 상대자가 되어 상대방의 마음을 자기 쪽으로 끌어당기는 것이었다. 여행에 기대를 잔뜩 안고 사무실을 찾는 젊은 남녀의 이야기를 진지하게 들어 준다. 많은 시간을 투자하여 그들이 계획한 새로운 모험에 관한 기대와 여행이 가져다 줄 야릇한 흥분에 동참해 주는 것이다.

남의 이야기를 그토록 성실히 들어 주고 또 조언까지 해 주는 여행사가 세상 어디에 있겠는가! 당연히 그는 성공할 수밖에 없었다. 그 결과, 그는 무일푼에서 시작하여 거대한 부를 쌓아올릴 수가 있었다. 훗날 그가 세계적인 여행사의 대주주가 될 수 있었던 자본금이 된 것은, 친절 바로 그것이었다.

'토머스 쿡 앤드 선' 회사의 쿡도 친절하게 남의 이야기를 듣는 사람이었다. 토머스 쿡의 사무실을 방문한 사람들은 시간에 구애받지 않고 항상 자유롭게 자신들의 여행에 관한 이야기를 할 수 있었다. 여행사의 어떤 직원도 그들의 이야기를 귀찮아하거나 흥미 없어 히는 기색을 나타내지 않았다. 그들은 항상 충분히 듣고 나서 친절하게 충고해 주는 성실한 조언자들이었다.

토머스 쿡 자신은 이러한 친절 외에도 또 한 가지 아이디어를 생각해 냈다. 그때까지만 해도 유럽을 여행하려면 유럽 여러 나라의 차표를 따로따로 구입해야 하는 번거로움이 있었다. 쿡은 어떻게 하면 여행자들을 좀더 편리하게 해 줄 수 있을까 궁리하던 끝에 한 장의 차표로 유럽을 여행할 수 있는 아이디어를 생각해 냈던 것이다.

그는 각각의 철도 회사와 교섭해서 모든 차표를 자신의 여행사 명의로 발급받았다. 이렇게 해서 토머스 쿡 회사는 세계적인 관광대행사로서 성장하게 된 것이다.

친절은 한 푼의 돈도 들이지 않고 남에게 많은 것을 베풀 수 있다. 그것은 사업의 바탕이 되기도 하고, 개인적 성공의 푸른 신호등이 되기도 한다. 친절만으로도 당신은 사람들의 존경, 그들의 호의, 그리고 그들의 축복을 살 수 있음을 명심하라.

이것은 네덜란드의 농촌에서 실제로 있었던 이야기이다.

앤 마틴은 친척집에 잠시 다니러 온 길이었다. 앤은 이 마을에서 처음 만난 한스 바겐이라는 소년을 향해 밝은 미소를 보내 주었다. 앤은 한스가 같은 또래의 다른 친구들로부터 따돌림을 당하고 있다는 사실을 전혀 몰랐다.

그 후, 어떤 일이 일어났을까? 오랜 세월이 흐른 후, 앤은 한스 바겐이라는 사람으로부터 거액의 유산을 상속받게 되었다는 한 통의 편지를 받았다. 한스는 앤에게 4만 달러라는 적지않은 유산을 물려 주었던 것이다. 그의 유언장에는 이렇게 적혀 있었다.

'다른 친구들은 내가 거리를 지나갈 때 언짢은 표정을 짓거나, 혹은 대놓고 외면하기 일쑤였다. 그러나 앤은 어느 날 나를 처음 만났을 때 나에게 상냥하게 웃음을 지어 보였다. 그녀는 내 평생 최초로 나에게 친절하게 대해 준 단 한 사람의 소녀였다.'

이것은 유명한 이야기이다. 오늘 당신이 무심코 베푼 친절이 다른 사람에게 어떤 영향을 끼치게 될지 생각해 보라. 친절을 베푸는 일에 커다란 노력은 필요치 않다. 친절을 베푼 만큼 나 자신도 그만큼의 만족을 얻을 수 있음을 잊지 마라.

나라가 다르고 민족이 달라도, 친절은 모두에게 공통의 만족을 준다. 약간의 방식의 차이는 있겠지만, 누군가 나에게 친절을 베풀고 있음은 확실하게 느낄 수 있다. 당신은 그 나라의 말을 할 수 없을지도 모르지만, 친절의 언어로써 어느 정도 의사 소통이 가능하다는 것을 알 수 있을 것이다.

차에 타고 내릴 때 상대방을 당신보다 먼저 지나가게 해 준다거나 그들이 떨어뜨린 물건을 집어 주는 것 등이 바로 친절이다. 친절은 당신을 즐겁게 하는 동시에 상대방을 기쁘게 하는 일이다. 친절한 마음은 결코 타인을 나무라지 않는다. 결코 타인들에게 뭔가를 강요하지도 않는다. 모르는 사람을 이상한 눈초리로 보지도 않는다. 이러한 것들은 모두 친절의 표시이다.

남에게 친절하게 대한다는 것은 당신의 인생을 풍요롭게 하는 데 큰 도움이 된다. 많은 친구를 갖고 싶다면, 친절하게 대하는 기술을 배워야 한다. 그것은 서로간의 갈등을 부드럽게 해소시켜 주는 윤활유와도 같은 것이다.

### 친절한 사람이 성공도 빠르다

친절은 한 푼의 돈도 들이지 않고 남에게 많은 것을 베풀 수 있다. 그것은 사업의 바탕이 되기도 하고 개인적 성공의 푸른 신호등이 되기도 한다. 친절만으로도 당신은 사람들의 존경, 그들의 호의, 그리고 그들의 축복을 살 수 있음을 명심하라.

## 사람의 마음을 여는 기술

### _ 취미를 공유하라

신문사의 광고 판촉부에서 일을 하는 한 사원이 있었다. 전 직원이 광고 수주에 열을 올리고 있을 무렵, 그는 주요 고객 가운데 한 사람을 만나게 되었다. 상대는 메이 백화점의 월버 메이였다.

"당신은 어떻게 해서 비행기의 조종을 배우게 되었습니까?"

메이 사장은 신문사 광고국 사람이라면 당연히 광고 문제로 면담을 청했을 거라 생각했고, 귀찮은 만남이다 싶어 상당히 경직된 표정이었다. 그러나 비행기 조종법에 관한 얘기가 나오자 그는 곧 마음의 문을 열게 되었다.

신문사 직원과 사장은 그날 하루를 비행기 조종에 관한 이야기로 보냈고, 주말에는 윌버 메이 사장의 비행기 조종 솜씨를 보기 위해 메이 일가와 함께 애틀랜타까지 가게 되었다.

만약에 광고 판촉부 직원이 윌버 메이 사장에게 메이 백화점의 매출과 관리 상황, 그리고 상품의 수급 따위에 관해 물었다면, 앞에서와 같은 일들은 있을 수가 없었을 것이다. 그런 질문들은 메이 사장이 일 년 내내 지겹도록 듣는 말이었기 때문이다.

우정을 내 것으로 하는 요령은, 그 사람에게 자기 자랑을 할 수 있는 기회를 주는 것이다. 특히 취미 생활에 관한 대화는 말하는 상대방의 경계심을 완화시키는 구실을 한다. 이것은 가장 다루기 까다로운 상대일수록 대화를 쉽게 풀어 나갈 수 있는 효과적인 방법이다.


## _ 당신의 진짜 얼굴을 찾아라

어떤 자동차 회사가 신형 브레이크를 장착한 승용차를 출시했는데, 얼마 후 그 브레이크에 결함이 있음이 밝혀졌다. 그 회사는 어떻게 사태를 수습했을까?

"즉각 무료로 브레이크를 교환하라."

전 영업소에 신속한 지시가 내려졌다. 이러한 조치는 이 회사의 제품에 새로운 신뢰를 심어 주는 계기가 되었다.

길모퉁이의 사기꾼으로부터 시계를 사는 것은 단 한 번뿐인 실수로 그친다. 그것이 엉터리 제품이라는 사실을 곧 알게 되기 때문이다. 그러나 스위스에서는 취리히뿐만 아니라 어느 곳에서라도 심지어 시장 모퉁이의 작은 상점에서조차도 값비싼 시계를 안심하고 구입할 수 있다. 왜냐하면 이런 작은 상점의 시계들도 제조업자 조합과 스위스 정부가 품질 보증을 하기 때문이다. 미국이라면 어떨까? 작은 기념품이라면 모를까, 1천 달러 이상이나 되는 최고급 롤렉스 시계를 상인들과 상점의 신뢰만 믿고 사기란 쉽지 않은 일이다.

신용이란 이렇게 중요한 것이다. 사람들을 바보 취급해서는 안 된다. 그들은 당신이 생각하는 것 이상으로 훨씬 영리한 머리를 갖고 있음을 기억하라.

당신은 항상 올바른 얼굴로 상대방을 대해야 한다. 다만 어떤 '얼굴' 을 사람들에게 부각시킬 것인가를 먼저 결정하라. 신뢰감을 주는 얼굴, 정직한 얼굴, 친절한 얼굴, 솔직한 얼굴 등 어느 것이든 당신의 개성에 맞는다고 생각되는 얼굴을 골라서, 그것을 분명하게 몸에 익혀야 한다.

그리고 상황에 따라서 갑작스럽게 달라지는 얼굴을 보이는 일 따위는 절대로 피해야 한다. 하나는 이 사람을 위해, 또 하나는 다른 사람을 위해 시시각각 표정이 바뀌는 사람은 결코 신뢰를 얻지 못한다. 산타클로스는 결코 가면을 쓰지 않는다.

항상 상대방이 좋은 의도를 갖고 있다고 믿어라. 그렇게 하면 당신은 실제로 그들의 호의를 경험할 수 있을 것이다. 거짓된 마음으로는 결코 사람을 오래 만날 수 없다.

모든 사람을 언제까지나 속이는 것은 불가능하다. 하지만 언제나 그런 사람들이 있게 마련이다. 진실되지 못한 태도는 비즈니스의 세계에서 성공하기 위해 반드시 버려야 할 마음가짐이다. 한 번쯤은 사람들을 '그런 듯하게 속여' 어떤 일을 성사시킬 수 있을지 몰라도, 그 이상은 불가능할 것이다

## _ 남들보다 많은 정보를 보유하라

'전문가의 얼굴'이라는 닉네임으로 통하는 루스 머밍거는, 세계적으로 유명한 와이셔츠 회사의 사장이다. 한 번은 전국에 흩어져 있는 소매점 상인들을 상대로 이런 인터뷰를 한 적이 있다고 한다.

"루스를 성공으로 이끈 동력이 무엇이라고 생각하십니까?"

그들의 대답은 한결같았다.

"그는 아무튼 셔츠에 관해서는 최고의 전문가 아닙니까!"

루스는 자신의 회사에서 만드는 셔츠뿐 아니라 경쟁 회사의 셔츠에 대해서도 해박한 지식을 갖고 있었다. 소매점 사람들이 입을 모아 말하기를, '루스가 이야기할 때는 모두 주의를 기울여 경청한다.'고 했다. 그 까닭을 묻자, 그들은 이렇게 대답했다.

"그건 간단합니다. 그는 셔츠에 관한 정보를 가장 풍부하게 소유하고 있는 사람이기 때문입니다. 그는 다른 곳에서는 도저히 얻지 못할 정보를 우리들에게 알려 줍니다. 다른 메이커들은 우리에게 물건을 팔고 나면 그것으로 끝이었습니다. 하지만 루스는 셔츠의 재료, 제조 공정, 스타일 등에 대해서도 자세히 설명해 줍니다. 그의 머리에는 온갖 정보가 가득 차 있습니다."

만약 당신 머리에 지식이 '가득 차' 있다면, 사람들 앞에서 주눅들 필요가 전혀 없다. 그들은 스스로 정보를 찾아 몰려오게 될 것이기 때문이다.

'그 문제에 대해서 뭔가를 알고 싶으면, 언제든지 찰리한테 달려가라.' 사람들이 당신을 이렇게 생각한다면, 당신은 분명 전문가라고 할 수 있다.

## _ 생동감 있는 화법을 사용하라

만약 사람들에게 당신을 특별한 존재로 인식시키고 싶다면, '생동하는 색감으로' 대화를 끌어가는 기술을 익혀라. 대화란 말로써 그림을 그리는 것이다. 그렇다면 말에도 천연색의 색채감을 사용해야 한다.

에디슨은 전기의 효용성에 대해서 이런 표현을 썼다.

"에든버러에서 개의 꼬리를 잡아당기면, 런던에서는 개 짖는 소리를 들을 수 있다."

말솜씨가 뛰어난 사람은 자신이 말하고자 하는 바를 전달하는데 있어서 '이를테면' 이라든가, '예를 들면' 이라는 말을 잘 사용한다. 적절한 비유나 은유를 사용하여 내용을 알기 쉽게 설명하는 것이다.

나폴레옹은,

"사람들은 제군들을 가리켜 '저 사람은 조국을 위해 이탈리아까지 원정을 다녀온 사람' 이라고 말할 것이다."

라고 병사들을 독려했다. 그는 전쟁에 참여했던 병사들이 고향으로 귀향하게 되었을 때, 가족이나 친구들로부터 받는 대환영의 모습을 그려 보게 함으로써 부하 장병들의 사기를 높였던 것이다.

히틀러는 독일의 영광과 힘을 민중들로 하여금 스스로의 눈앞에서 그릴 수 있도록 교묘한 화법을 사용했다. 카스트로나 에바 페론과 같은 사람들도 국민들을 자신의 지도력에 복종시키기 위해 비슷한 수법을 써왔다.

또한 흐루시초프는 평화 진영을 향해,

"나는 그대들을 장사지낼 것이다."

라는 무시무시한 선언을 했다. 내용이야 어떻든, 그 말은 듣고 있는 사람들의 눈앞에 생동감 있게 펼쳐지는 강력한 언어의 그림이었다.

만약에 당신이 일을 추진하는 과정에 있어서 생동하는 색감으로 하고자 하는 말의 그림을 그려 낼 수만 있다면, 당신은 이미 리더로서의 자격이 충분한 사람이다. 단조로운 모노 톤으로 이야기하지 마라. 현대는 총천연색의 시대이다. 간단 명료한 용어를 쓰도록 하라.

월 로저스는 그것을 이와 같이 표현했다.

"나는 말은 좋지만, 별난 말은 싫다."

아무리 짧고 간단한 말이라도 불교의 선문답 같은 아리송한 표현은 삼가야 한다. 또한 분명치 않은 말로 느릿느릿 이야기한다면, 상대방은 설사 자리를 뜨지는 않았다 해도 필경 마음속으로는 낮잠을 자고 있는 것과 마찬가지일 것이다.


## _ 타인의 이야기를 들을 때는 기꺼운 마음을 가져라

만약 당신이 듣는 사람의 입장이라면, 한 가지 주의해야 할 것이 있다. 사람의 심리는 참으로 묘한 것이어서 누군가가 재미있는 이야기를 하고 있는 도중에, '아아, 그 얘기라면 나도 언젠가 들은 적이 있어!' 하면서 그 이야기를 끊고 싶어한다. 남의 말을 가로막는다는 것은 당신 스스로가 적을 만드는 것이다. 당신은 그 순간 불필요한 에너지를 낭비하게 됨을 잊지 마라.

농담이라든가 재미있는 이야기가 진행되고 있을 때는 다소 지루하더라도 휴식을 취하며 그것을 듣고 즐겨야 한다. 상대방도 이야기를 하면서 스스로 즐기고 있다는 것을 잊지 마라.

상대방을 즐겁게 해 준다는 것은 당신을 더욱 좋아하게 만드는 중요한 수단이다. 게다가 당신은 덤으로 모처럼만에 휴식을 취하는 기분 좋은 시간을 갖게 되는 것이다.

때로는 이것이 바로 사람의 마음을 열게 하는 마지막 관문이 되기도 한다는 사실을 기억하라.

 **상대방의 호감을 사는 방법**

항상 상대방이 좋은 의도를 갖고 있다고 믿어라. 그렇게 하면 당신은 실제로 그들의 호의를 경험할 수 있을 것이다. 거짓된 마음으로는 결코 사람을 오래 만날 수 없다. 모든 사람을 언제까지나 속이는 것은 불가능하다. 하지만 언제나 그런 사람들이 있게 마련이다.

성공하려면 습관을 바꿔라

# 효과적인 대화로
# 남을 나에게 끌어들여라

## 친구와 쉽게 절교하는 일곱 가지 비결

제1의 법칙 : 혈안이 되어 남의 약점을 캐고 다녀라. 그리고 당신 친구들 사이에서 비관론자의 표본이 되어라.

'이 세상도 이제 끝장이다.' 따위의 말을 입버릇처럼 지껄이는 것이다. 대통령이든 정부 고위층이든, 또는 직장 상사든 이웃이든 인정사정 없이, 입에 걸리는 대로 재빨리 험담하라. 말하자면, 약점을 찾아 내는 사람이 되는 것이다. 그렇게 하면 당신은 늘 새로운 친구를 찾아다녀야 하는 사람이 될 수 있을 것이다.

제2의 법칙 : 구두쇠가 되라.

어떠한 일에도 돈을 쓰는 데 인색해야 한다. 친구들에게는 '나

한텐 그런 여유가 없어.' 라며 가능하면 구구절절 변명을 늘어놓아라. 설사 얼마간 여유가 있다 하더라도 돈에 관해서는 철저히 노랑이짓을 해야 한다. 모금 상자가 자기 앞으로 지나갈 때는 모른 척 딴청을 피워라. 그리고 어쩔 수 없이 흉내라도 내야 할 상황이면 짤랑거리는 소리가 나는 동전만 집어넣어라.

직장 동료가 결혼을 한다든지 입원을 하여 모금을 해야 한다는 의견이 지배적이면, 슬그머니 그 자리에서 꽁무니를 빼라. 남에게 도움이 되는 따위의 일은 절대로 하지 말아야 한다. 항상 가난뱅이처럼 처신하라. 그렇게 하면 당신은 재산을 모두 잃은 것처럼 친구를 모두 잃게 될 것이다.

**제3의 법칙 : 언제나 완고한 사람이 되라.**

형편이 좋지 않을 때는 결코 바깥 나들이를 하지 마라. 그 어떤 경우에도 돈을 쓰지 마라. 매일 밤 8시에는 잠자리에 들고, 마음에 들지 않는 상대와는 통성명도 하지 마라. 매사에 완고한 돌부처로 처신하는 것이다. 온갖 사회적 관습을 무시하라. 가급적 사교계의 이방인처럼 행동하라. 때와 장소를 가리지 않고 완고한 태도로 일관한다면, 우정은 결코 오래 지속되지 않을 것이다.

**제4의 법칙 : 절대로 남의 도움에 의지해서는 안 된다.**

철저하게 당신 수입의 범위 내에서 생활해야 한다. 절대로 술을 사거나 남에게 식사 대접을 한다든지 해서 돈을 쓰지 말아야 한다. 그랬다가 만약에 당신이 돈을 빌려야 하는 경우가 있다면, 그것을 갚기 위해 열심히 일해야 하는 원인이 된다.

억만장자들의 경우를 보라. 흔히들 성공의 계기가 무엇이었느냐는 질문에, '나는 돈을 빌렸다. 그리하여 빚을 갚기 위해서 필사적으로 일에 매달렸다.'라고 하지 않던가! 그들은 끊임없이 일에 매달렸기 때문에 엄청난 재산을 쌓아 올렸다. 그러나 당신은 그렇게 해서는 안 된다. 처음부터 끝까지 노랑이로 살아야 한다. 그렇게 하면 이윽고 당신은 외톨이가 되어 있을 것이다.


**제5의 법칙 : 친구 집을 예고 없이 방문하라.**

회사로 직접 찾아가는 것도 좋다. '이 근처에 볼일이 있어서……'라고 하면서 불쑥 들이닥치는 것이다. 당신 친구는 맥빠진 미소로 당신을 맞이할 것이다. 마음에도 없는 악수를 청하기도 하면서. 그러나 어느 기간이 지나면 친구들은 당신이 저편에서 오는 것을 본 순간, 전등불을 끄고 현관문을 걸어 잠그게 될 것이다.

'불청객은 야만인보다도 나쁘다.'

동양인들이 이럴 경우에 쓰는 속담이다.

### 제6의 법칙 : 동반자의 비행을 캐내라.

프로이트는 이렇게 말했다.

"남자가 어떤 일을 하는 동기는 대부분 여성의 환심을 사고자 하는 욕망에 있다."

그러므로 만약에 당신이 여성이라면, 남편의 친절을 기대하지 말아야 한다. 그리고는 비행을 캐내는 것이다. 남편을 실망시켜야 한다. 당신은 평생 집안에서 남편으로 인해 고통받을 필요는 없는 것이다. 얼마 후 그는 입맛을 쩝쩝 다시며 타히티 섬에서 여생을 보내게 될 것이다.


### 제7의 법칙 : 상대방이 중요하지 않다는 사실을 느끼게 하라.

당신의 남편을 가정의 머리로 삼지 말아야 한다. 당신이 아내라면 그 역할을 자청해서 떠맡아야 한다. 말하자면, 그를 형편없는 존재로 만드는 것이다.

심리학자는 자기를 중요하다고 여기는 것은 그 사람을 성공으로 이끄는 최대의 자극이라고 말하지만, 그런 것에 신경쓸 필요는 없다. 함께 일하고 있는 사람들로 하여금 자신은 중요한 존재가 아니라고 여기게 하는 것이다.

무슨 일이든지 늘 자기 혼자서 해치우도록 하라. 그렇게 하면 이윽고 당신은 하루 종일 다른 사람의 도움 같은 건 바라지도 않게 될 것이다. 아무도 당신을 도우려고 하지 않을 테니까.

**훌륭한 리더십**

사장을 회사의 머리로 대접하는 것처럼 상대방을 당신의 머리로 대접
하라. 좋은 친구는 상대방을 잘 부추기는 사람이다. 그것이 바로 **훌륭한
리더십**이기 때문이다.

# 논쟁은 피하고
# 실리를 추구하라

논쟁을 효과적으로 끝내는 첫째 방법은 자신이 나쁜 사람이 되는 것이다! 불평을 다루는 가장 간단한 방법은 이것이다.

적어도 처음 얼마 동안만은 상대방이 옳은 것으로 해 두자. 어차피 시간이 경과하면 상대방은 꺾이게 마련이다. 그러므로 사소한 점에 대해서는 양보해 주는 것이 현명하다.

갈등의 원인이나 종류가 무엇이든 상황을 원만히 수습하는 적절한 방법이 그것이다. 굳이 이겨야 할 필요를 느끼지 못하는 일이라면, 얼마든지 상대방의 말에 동의를 해 주어라. 그러나 핵심은 절대로 양보하지 마라. 혹은 보다 중요성이 적은 몇 가지 점에 동의하는 것과 교환 조건으로 자신의 의견을 관철시키는 것도 유리한 방법이다. 당신이 진실로 '예스'라는 대답을 얻고자 하는 것은 오직 한 가지일 것이기 때문이다.

과거 소련 사람들은 이런 방법에 대한 전문가였다. 그들은 끊임없이 온 세계를 교란시키며 크고 작은 충돌을 일으켰다. 그들은 커다란 목적을 손에 넣는 대신 작은 것은 손쉽게 양보해 주는 방법을 택했다. 그들은 먼저 '작은 분란'으로 상대방의 눈을 어둡게한 다음 더 큰 상황으로 사태를 몰아가는 것이다. 상대방은 공격의 태세를 갖춘다. 이때에도 그들은 사소한 점에서는 동의하지만, 큰 문제에 대해서는 결코 양보하려 들지 않는다. 헝가리나 베를린이 그 예이다. 이런 고도의 테크닉에 주의하라. 그것은 언제나 위험한 선택을 강요하는 수법이다.

사람을 비판하는 데 있어서 좀더 효과적인 요령은 이야기를 보다 흥미롭게 풍자적으로 끌고 가는 것이다. 그런 와중에서 이를테면 무의식중에 주의를 주는 것이다. 느닷없이 큰 소리로 비난을한다면, 그것은 곧 상대방의 기분을 상하게 만드는 보증 수표나 다름없다.

어느 파출부 아줌마 이야기를 예로 들어 보자. 그녀는 늘 빗자루 털을 아래로 해서 세워두는 버릇이 있었다. 빗자루를 그렇게 거꾸로 세워두면 털이 꺾여서 못 쓰게 되는데도 그녀는 버릇을 고치려고 하지 않는다. 당신이 늘 주의를 주는데도 말이다. 그렇다면 이렇게 얘기해 보라.

"털을 밑으로 해서 빗자루를 세워두면 그날 하루 종일 재수가 없다고 하더군. 어디 그뿐인가. 게다가 빗자루도 못 쓰게 되기 십상이지."

아줌마는 금세 당신의 말에 반응을 보이게 될 것이다. 그렇게 하면 하루 종일 재수가 없다는데야 태연할 수가 없을 것이기 때문이다. 빗자루는 그제야 비로소 하늘이 아니라 땅을 보고 서 있을 수 있을 것이다.

윌리엄 G. 맥카드는 이렇게 말한 적이 있다.

"무식한 사람과 말싸움에서 이기려고 하는 것은 어리석은 일이다. 그들은 무식하기 때문에 더욱더 용감해지기 때문이다."

이럴 땐 재치가 필요한 것이다!

## _ 승리에 집착하지 마라

세일즈맨들은 접대를 위해 골프를 쳐야 할 경우가 종종 있다. 대부분 이럴 땐 사업상의 이유에서 일부러 고객에게 져 주는 경우가 일반적이다. 고객이 게임에서 이기면 우쭐하고 미안한 마음에 주문을 많이 할 수도 있다고 믿기 때문이다.

일부러 상대방에게 게임을 져 주는 식의 고전적인 처세법의 기원은 나폴레옹 시대까지 거슬러 올라간다. 나폴레옹의 시종장이었던 콘스탄틴은 당구를 칠 때마다 일부러 조세핀에게 져 주었다.

"실력으로 따지면 내가 월등했지만, 게임을 언제나 그분께서 이길 수 있도록 유도했습니다. 그렇게 하면 왕비께서 매우 좋아하시기 때문입니다."

이유 있는 설명이다. 상대방에게 이기는 기쁨을 맛보게 할 수 있다면, 가정에 있어서도 당신은 여러 모로 유리한 입장에 설 수 있다.

사람은 누구나 말싸움에서 자신이 이기고 싶어한다. 상대가 누구든 당신이 이겼을 때보다는 자신이 이겼을 때 훨씬 좋아한다는 것이다. 당신의 패배는 곧 상대방으로 하여금 양보하고 싶은 마음을 합리화하는 구실을 만들어 준다. 그 결과, 당신에게는 논쟁에서 이겼을 때보다 그 사람과 훨씬 친밀한 관계를 유지할 수 있는 상황이 만들어지는 것이다.

남과 논쟁을 하거나 갈등이 빚어졌을 때 이득을 얻는 최선의 방법은, 당신이 먼저 그것을 피하는 것이다. 비록 상대방이 틀렸다고 하더라도 일단은 수용하는 듯한 태도를 보여라. 그럼으로써 적을 만드는 일을 피할 수 있을 것이다.

"내가 말하는 것이 얼마나 옳은가 증명해 보이겠습니다."

따위의 말은 절대로 하지 말아야 한다. 그럴 양이면 차라리 이렇게 말하는 편이 훨씬 낫다.

"그런 말은 결말이 뻔하지 않겠어요?"

"그건 처음부터 끝까지 다 틀렸습니다."

절대로 해서는 안 될 말이다. 이렇게 말하는 것이 지혜롭다.

"말씀하신 것에는 대체로 찬성합니다만, 이런 방법에는 어떤 의견을 갖고 계신지?"

물론 때로는 이런 말로 상대를 짓뭉개고 싶을 때도 있을 것이다.

"좋아, 좋을 대로 해 보라고. 이제 곧 내 말이 옳다는 것을 알게 될 테니 말이야."

그러나 그런 말은 상대방의 가슴에 못을 박는 표현이다. 가급적 이런 표현으로 설득하라.

"무슨 말인지는 알겠는데, 꼭 그 방법밖에 없겠나?"

이렇게 말하면 상대방은 자신의 판단에 의심을 갖게 될 테고,

"아닙니다. 이게 좋을지 나쁠지 현재로선 뭐라고 딱 잘라 말할 수 없습니다."

하고, 대개는 그런 식으로 한 걸음 물러설 것이다.

논쟁의 조짐이 나타날 때에는 자제심을 발휘해야 한다. 대화가 과열되는 조짐을 보이면, 당신은 생각을 성급하게 말하지 말고 이야기 도중에 슬며시 끼워 넣는 방법을 택해라.

이를테면 이런 식이다.

"여러 가지로 옳은 말씀이십니다. 저도 문제를 처리할 계획을

나름대로 세워 보았습니다. 이런 계획은 어떻게 생각하십니까?"

그리고 나서 당신의 계획을 이야기하는 것이다. 이렇게 하면 당신의 의견이 교묘하게 논쟁 중에 끼여들면서 타협의 싹이 틀 기회라도 생기게 마련이다.

또 한 가지, 제3의 가공 인물에게 당신의 뜻을 대변시키는 것도 좋은 수법이다.

"나의 고문 변호사는 이와 같은 방법으로 해결하는 게 좋겠다고 제의하더군요. 그 말에 대해서 어떻게 생각하십니까?"

이 경우의 반대 의견은 결코 당신의 생각이 아니다. 대화에 가담하지 않은 제삼자의 것이다. 유명한 사람의 이름을 들먹이며 당신의 주장을 관철시키는 방법도 좋다. 누구든 그 자리에 참석한 사람보다 훨씬 많은 경험을 쌓은 사람이면 더욱 효과적이다.

논점을 증명하기 위해 유명한 속담을 인용하는 방법도 있다. 그것은 당신의 주장이나 생각이 아니기 때문에 참석한 사람들의 시기심 따위를 방지할 수 있을 뿐더러, 반대의 명분을 내세울 근거도 차단하는 결과를 얻을 수 있기 때문이다.

더블데이 사의 편집장 펠리스 막스는 그의 잘못을 지적하여 항의 편지를 보내오는 독자를 다루는 데 남다른 재주가 있었다. 자신의 입장에 관해서는 침묵을 지키고 자제심을 발휘하는 것이다. 그는 이런 일이 생길 때마다 똑같은 내용의 답장을 썼다.

"한 번 더 생각해 보았습니다만, 말씀하신 의견이 옳을지도 모르겠군요. 다음 번에 이리로 오실 기회가 있으시면 꼭 좀 들러 주십시오. 한 번 만나뵙고 싶습니다."

대개의 경우 독자들은 스스로 만족하여 편지에 관한 일을 금세 잊어버리게 된다. 자신이 옳다고 한 것을 막스가 동의했다고 생각함으로써 자신의 불만을 해소시켜 버리는 것이다. 언제나 상대방의 주장을 겸허하게 받아들이는 것에서 논의를 시작해야 한다.

남편과 아내는 서로 상대방을 뜯어고치려고 하는데, 그것은 이 두 사람을 가정법원으로 달려가게 만드는 확실한 방법일 뿐이다. 상대방을 바꾸려고 하기보다는 상대방의 개성을 서로 인정하면서 생활하는 편이 훨씬 지혜로운 해결법이다.

아무래도 고치지 않으면 안 될 경우에는 좀더 효과적인 방법을 택해야 한다. 서로 추궁하는 대신, 상대방의 습관을 인정해 주는 것이다. 그렇게 하면 상대방도 당신의 습관을 인정해 줄 것이다. 때로는 가까이 다가가서 이렇게 말하는 방법도 있다.

"우리는 둘 다 조금씩 잘못이 있다고 생각해. 서로 성격이 급한 게 문제지. 내 결점은 이런저런 거야. 나도 그것을 고치려고 매우 애를 쓰고 있어. 어때? 날 좀 도와 주지 않겠어?"

공명정대한 의사 교환은 절대로 분란을 야기시키지 않는다.

## _ 가급적 빨리 상대방의 장점을 칭찬하라

기업체의 리더들은 상대방을 인정해 주는 것에 시간을 아끼지 않는다. 이것은 직원들의 호감을 얻는 가장 좋은 방법이다.

당신도 다른 사람의 좋은 점을 인정해 주는 습관을 몸에 익혀야 한다. 그리고 당신이 그 사람을 인정한다는 사실을 가급적 빨리 그에게 알리는 것 또한 잊어서는 안 될 일이다.

특히 가정의 평화를 위해서는 매우 중요한 일이다. 주부들은 새 드레스나 새 모자, 새로운 요리에 매우 예민하다. 아내의 좋은 점을 칭찬하라. 그리고 그녀가 얼마나 주의 깊고 알뜰하게 가계를 꾸리며, 짬짬이 요리를 연구하는가 주목해서 보도록 하라. 그러기 위해선 항상 상대방의 사소한 변화에 주의를 기울일 수 있어야 한다.

이것은 연애를 하는 남녀들에게도 도움이 되는 습관이다. 연인들은 자기 앞에 있는 상대에게 온갖 주의를 기울인다. 그렇기 때문에 상대방에게 참견을 하거나 이야기를 가로채서 말을 중단시키게 되는 경우가 많다. 이것은 잘못된 행동이다.

사소한 내용이라 할지라도 관심 있게 듣는 태도를 취해라. 그 사람의 이야기를 들어 주는 것만으로도 당신은 그 사람과 한층 가까운 사이가 될 수 있을 것이다.

논쟁을 방지하고 실리를 얻을 수 있는 이상의 방법을 요약하자면 이렇다.

첫째, 작은 일은 양보하라.

둘째, 비판할 때는 별일 아니라는 듯 슬며시 하라.

셋째, 상대방에게 승리를 양보하라.

넷째, 자제심을 발휘하라.

다섯째, 상대를 개조하려고 하지 마라.

여섯째, 재빨리 상대방의 장점을 인정하라.

일곱째, 상대방이 말하는 것에 주의를 기울여라.

**논쟁을 피하면서 이기는 방법**

첫째, 작은 일은 양보하라.

둘째, 비판할 때는 별일 아니라는 듯 슬며시 하라.

셋째, 상대방에게 승리를 양보하라.

넷째, 자제심을 발휘하라.

다섯째, 상대를 개조하려고 하지 마라.

여섯째, 재빨리 상대방의 장점을 인정하라.

일곱째, 상대방이 말하는 것에 주의를 기울여라.

# 듣기 좋은 표현으로
# 상대를 설득하라

그라렌스 다닝은 생명보험업계에서 크게 성공한 대표적인 인물이다. 물론 그의 영업 방법이 다른 사람들과 크게 달랐던 것은 당연한 일이다.

그는 고객들을 상대로 자신의 상품에 대해서 '생명보험'이라는 말을 쓰지도 않았으며, '사망'이라는 말은 절대로 하지 않았다. 그는 '생활보험'이라는 말을 즐겨 썼는데, '생명보험'이나 '사망' '재해' 등의 끔찍한 표현에서 오는 사람들의 불안감을 누그러뜨리는 데 중요한 역할을 한 것이다.

다닝의 작전은 그대로 적중했다. 고객들은 그의 '생활보험'에 적극적인 관심을 나타냈다. 단 한 단어를 바꿈으로써 다닝은 생명보험업계에서 성공한 독보적인 사람이 되었다. 이처럼 말을 어떻게 하느냐는 중요한 문제다. 똑같은 내용을 가지고도 방법에 따라 상대방을 기분 좋게 하거나 그 가치를 높여 준다. 효과적으로 상대를 설득하고자 한다면, 말 한 마디에도 주의를 기울여야 한다.

'말은 셀 수 있는 것도, 그리고 잴 수 있는 것도 아니다.'

이 속담은 무역과 상업의 가장 오래된 도시인 다마스쿠스의 고대 상인들 사이에서 전해진 말이다. 즉 어떤 말을 할 때는 잘 생각한 후에 하라는 것이다.

다마스쿠스를 여행해 본 이들은 모두 느꼈을 것이다. 이 도시의 시장 골목 도처에서 말[言]의 마술을 경험할 수 있다는 것을. 어떤 상점에 가더라도 판매원들은 너나 할 것 없이 자신이 팔고 있는 것에 대한 설명을 그럴 듯하게 할 줄 안다.

"아라비아의 장식용 구슬인데, 근심을 잊게 해 줍니다. 이것을 만지작거리고 있으면 긴장 따위는 다 사라져 버리죠."

'긴장을 날려 보내기' 위해 사람들은 기꺼이 지갑을 열 것이다.

"이 재료를 손으로 짜는 데는 세 사람의 여자가 꼬박 6개월이나 매달려야 할 만큼 정성이 많이 들었지요."

분명 당신의 아내는 다마스쿠스의 카펫을 사지 않을 수 없을 것이다. 똑같은 경우, 만약 그가 미국 상인이었다면 이렇게 말했을 터이다.

"이 책상보는 다른 것에 비해 사이즈가 커 보입니다. 그리고 아무리 자주 세탁을 해도 끄떡없습니다."

여성들은 자기 친구들을 감동시키기 위해 책상보를 사는 것이지, 세탁소 사람들을 놀라게 해 주려고 돈을 내는 것은 아니다.

처음엔 구경만 하겠노라고 수없이 자신을 다잡으며 상점에 들어갈 거다. 그렇지만 이처럼 화려한 언어로 당신을 매료시키는 점원들 앞에선 방금 전의 다짐이 곧 물거품이 되고 만다. 그러다 보면 들르는 상점마다 꼭 필요도 없는 물건을 하나씩 사고 있다는 것을 깨닫게 된다.

이러한 설득의 요령은 일상 생활에서도 효력을 발휘한다.

"오늘은 어째 기분이 좋아 보이십니다."

이런 식의 인사는 상대방에게 모욕을 당한 것 같은 불쾌감을 줄 수도 있다. 상대방은 이 말을 듣는 순간 '그럼 어제는 어쨌다는 거야!' 하는 생각으로 언짢아할 수도 있기 때문이다.

이런 표현은 설득의 마술이라고는 할 수 없다. 기왕이면 이런 표현이 좋다.

"오늘도 역시 기분 좋은 일이 있으신가 보군요."

같은 말이라도 두 번 세 번 생각하라. 말 한 마디로 천냥 빚을 갚는다는 말도 있지 않은가.

## _ 상대방이 친밀감을 느낄 수 있는 말을 하라

'친한 친구라도 직접적으로 그의 결점을 꼬집어서는 안 된다. 그들은 충고를 따를 수는 있겠지만, 결코 당신을 용서하려고 하지 않을 것이다.'

우리 모두가 마음속에 새겨두어야 할 영국 속담이다. 우리는 간혹 생각 없이 비판적인 말을 한다. 그것은 설득의 마술에 역행하는 대화법이다. 너무 솔직한 것도 자신에게는 이롭지 못할 때가 많다. 상대가 친밀감을 느낄 수 있는 말을 사용하라. 친밀감이야말로 올바른 대인 관계를 유지할 수 있는 유일한 지름길이다. 친밀감을 갖고 있는 사람들은 상대방의 결점도 관대하게 받아들일 줄 아는 법이다.

우리는 흔히 새로운 사람을 만날 때면, '나에게 어떤 이득을 가져다 줄 사람인가'를 먼저 생각한다. 그러나 상대의 친밀감을 얻으려면, '내가 이 사람에게 무엇을 해 줄 수 있을까'를 고민하는 사고로 전환해야 한다. 사업상의 만남이든, 가족이든, 이웃 사람이든, 상대가 누구든 상관없이 이 원칙에 따라 사람을 상대하라.

승진을 하고 싶은가? 그렇다면 당신이 왜 반드시 승진을 해야 옳은지 그 이유를 입증하려고 하지 마라. 도리어 승진을 보장받기 위해 당신은 무엇을 어떻게 할 것인가를 상사에게 이야기하라는 것이다.

나에 대한 대접을 강요하는 것은 서툰 어릿광대 짓에 불과하다. 먼저 남에게 주면 그 답례로 당신 손에도 들어오는 것이 분명 있을 것이다. 남을 도와 준다는 것은 '현명한 이기주의'라고 할 수 있다. 왜냐하면 그렇게 하는 것이 곧 스스로를 돕는 방법이기 때문이다.

누군가가 아리스토텔레스에게 이렇게 물었다.

"사람은 누구를 가장 사랑해야 합니까? 우리들 자신입니까, 그렇지 않으면 다른 사람입니까?"

"매사에 자기만을 앞세우다 모든 걸 잃어버리는 사람이 이 세상에서 가장 어리석은 사람이다. 진정으로 현명한 사람은 매사에 남을 먼저 생각하는 사람이다."

현자다운 대답이다.

그것이 노동자에게 어떤 이득을 가져다 주는지를 모른다면, 조합도 그들을 파업에 동참시킬 수가 없다. 상대방이 얻게 될 이익을 설명해 주는 것도 건전한 설득 방법 중의 하나다. 단 이기주의를 노출하는 것은 어리석은 일이다.

한 의류회사 직원이 자사 제품을 가지고 소매점을 방문했다.

"이것은 우리 회사의 새로운 디자인입니다. 귀하의 상점에 이 물건을 진열해 놓으면, 반드시 매출액이 증가하게 될 것입니다."

물론 그는 이렇게 말하지 않는다. 그 대신 주인에게 몇 가지 상품을 보여 준 다음, 다음과 같이 물었다고 한다.

"이 스타일 가운데 어느 것이 당신 가게에서 가장 잘 팔릴까요?"

그는 상점 주인에게 두 가지 설득의 마술을 보여 주었다. 첫 번째는 자기가 가져온 상품에 대한 자랑을 최대한 자제하면서 그것을 기정 사실화한 것이고, 두 번째는 '이 스타일 가운데 어느 것이 당신 가게에서 더 잘 팔릴까요?' 라고 물음으로써 상대방의 입장을 최대한 고려하고 있다는 인상을 심어 준 것이다. 또한 그는 자신이 판매하려는 상품을 살 테냐, 사지 않을 테냐 하는 진부한 질문을 꺼내지 않았다.

상대방에게 이것들 중의 어느 쪽을 선택할 것인가 하는 문제만을 제시함으로써 일단 협상의 기선을 제압하고 들어가는 순발력을 발휘한 것이다. 다른 사람의 감정을 상하게 하지 않으면서 설득하려면, 먼저 내 의견을 주장하지 말고 상대의 의견을 내 쪽으로 끌어들이는 습관을 가져야 한다.

패트릭 헬리는 의회에 대해서 한 마디도 주장하지 않았다. 그는 '나에게 자유를 주든지, 그렇지 않으면 죽음을 달라.' 고 말했을 뿐이다. 그들에게 선택권을 주었던 것이다. 그러나 이 말은 의지를 부각시키는 훌륭한 역습이었다.

링컨은 상대방의 의견을 주장하도록 먼저 기회를 주는 방법으로 그들이 자신의 입장을 고집할 기회를 빼앗아 버렸다. 이와 같은 논법은 의외로 대단한 설득력을 갖고 있다. 가령 이런 식으로 접근하는 것이다.

"당신의 입장은 잘 알겠습니다. 전적으로 이해가 갑니다. 여러 가지 옳은 말씀입니다. 그런데 잠깐 내 입장도 생각해 봤습니다. 내 입장은 당신 입장과는 약간 다른 점이 있더군요. 그래서 내 입장에서 당신의 의견을 한 번 더 들어 보고 싶은데, 어떻게 생각하십니까?"

상대방의 생각을 즉각 부정하거나 그 사람의 아이디어를 모욕한다면, 그가 당신의 의견을 반대한 상황보다는 낫겠지만 무엇을 얻을 수 있겠는가. 다음과 같은 설득의 마술은 훨씬 당신에게 유리하게 작용하게 될 것이다. 이러한 방법은 옛 로마 시절에도 사용된 적이 있었다.

브루투스는 시저를 암살한 뒤에 교묘하게 자신의 입지를 변명하는 연설을 했다.

"시저가 죽어서 자유를 얻는 게 나은가, 시저가 살아서 우리가 노예처럼 죽는 게 나은가, 여러분은 어느 쪽을 바라는가?"

브루투스는 일단 타협의 분위기를 만드는 것으로 시민들의 동요를 무마시켰다. 만약에 그가 느닷없이 나타나서,

"그렇다, 나는 시저를 죽였다. 그러니 어쩔 테냐?"

하고 말했다면, 그는 그 자리에서 당장에 맞아죽었을 것이다.

아무리 좋은 결과도 무리하게 강요하면, 사람들은 그것을 받아들이지 않는다. 그러므로 주장하지 말고 서로 타협하라. 말에 있어서 최고도의 기술은 나쁜 생각을 감출 줄 아는 것이다.

### 듣기 좋은 표현으로 상대를 설득하라

상대가 친밀감을 느낄 수 있는 말을 사용하라. 친밀감이야말로 올바른 대인 관계를 유지할 수 있는 유일한 지름길이다. 친밀감을 갖고 있는 사람들은 상대방의 결점도 관대하게 받아들일 줄 아는 법이다.

## 상대방의 반대에
## 어떻게 대처할 것인가

### _ 반대는 관심의 다른 표현이다

사람들은 자신의 생각을 말할 때 가끔씩 상대방의 반대 의견에 부딪치게 된다. 왜 이런 일이 생길까?

당신의 생각에 동의를 하기 위해서 상대방이 자기가 갖고 있는 생각을 버려야 하기 때문이다. 일종의 자기 보호 본능처럼 자기의 생각을 바꾸거나 버리고 싶어하지 않는 욕망이 작용하고 있는 것이다. 때문에 당신의 말이 이치에 맞다는 생각이 들수록 자기 생각을 바꿔야 한다는 압박감 때문에 더욱 과장된 행동으로 반대를 하게 되는 것이다.

하지만 반대는 관심의 또 다른 표현이라는 점을 기억하라. 그것은 상대방이 당신의 의견에 관심을 갖기 시작했다는 것을 뜻한다. 즉 당신이 그를 설득할 수 있는 기회가 생겼다는 것이다. 반대가 격렬할수록 그가 조금씩 당신의 의견에 동조해 가고 있다고 판단해도 크게 틀리지 않는다.

예를 들어, 안색이 창백한 친구에게 당신이 '1년에 한 번씩은 종합건강 진단을 받아보는 게 어떻겠나?' 라고 권했다 치자. 친구는 고개를 끄덕이며 당신의 말에 동의를 표시한다. 그러나 이런 경우라면 그 친구는 병원에 가지 않을 가능성이 더 크다. 마음속으로는 병원에 가는 일을 달가워하지 않을지도 모른다는 뜻이다.

진단 결과가 두렵기 때문일 수도 있다. 만약 병이 있다면 통증이나 징후가 있을 텐데, 그런 게 없어서 당신 말이 틀렸다고 생각하고 있는지도 모른다. 아니면 병원에 가서 검사를 받는 일이 귀찮거나 진료비가 걱정되기 때문일 수도 있다.

그 친구가 다른 사람들과의 대화에서도 똑같이 고개를 끄덕였다면, 이유야 어쨌든 벌써 수십 번은 병원에 다녀왔어야 이치에 맞을 것이다. 그렇지만 실제로는 병원에 가지 않으면서도 고개를 끄덕이는 것은 그가 옥신각신 말싸움을 하기 싫어서 그럴 것이다.

만일에 고개를 끄덕이지 않고 명확하게 반대 의견을 표명했다면, 상황은 훨씬 쉬워졌을 것이다. 설득을 통해 훨씬 쉽게 마음을 돌려놓을 수 있을 거라는 말이다. 드러나게 반대를 한다는 것은 당신의 말을 조금이라도 인정하기 때문이다. 뿐만 아니라 진찰을 받고 싶어하지 않는 마음이 당신의 주장과 맞서 갈등을 일으키고 있는 것이다.

따라서 상대가 목소리를 높일수록 설득의 순간이 가까워졌다고 생각해도 좋다. 과장된 행동은 그가 자신의 생각에 대해 확신이 약해지고 있다는 것의 반증이기 때문이다.

### _ 상대가 쉽게 동의하면, 일단 그 진심을 의심하라

대화를 하다 보면 종종 상대가 의외로 쉽게 당신의 의견에 동의하는 경우가 있을 것이다. 이런 경우에 당신은 적잖이 혼란스러울 것이다.

특히 상대방을 설득시키기 위해 신경을 곤두세우고 있는 경우에는 더욱 그렇다. 이런 경우에는 우선 먼저 상대방의 진의가 무엇인지를 파악해야 한다. 전혀 기대와 다르게 상대방이 선선히 당신 생각에 동의하는 경우라면, 뭔가 다른 꿍꿍이가 있거나 반대하는 마음을 감추기 위한 것일 수 있기 때문이다.

그렇다면 어떻게 해야 상대방의 동의가 진심인지 아닌지 확인할 수 있을까? 무엇보다 좋은 방법은 상대방으로부터 그 일에 관한 구체적인 계획을 확인하는 것이다. 앞에서의 예를 계속해 보자.

만약 당신의 친구가 병원에 가겠다고 고개를 끄덕였다면, 언제쯤 갈 건지 구체적인 계획을 물어보라. 말꼬리를 흐린다거나 우물쭈물 화제를 돌리려고 한다면, 틀림없이 그 사람은 당신의 의견에 대해 뭔가 개운치 못한 감정을 갖고 있는 것이다.

대답이 시원치 않은 게 진짜로 갈 마음이 없는 게 아니냐는 식으로 다시 다그칠 수도 있다. 그렇지만 이것은 별로 현명한 방법이 아니다. 상대방을 배려하지 않고 당신의 생각을 밀어붙인다면, 오히려 반감이 생겨 아예 마음을 닫아 버릴 수도 있기 때문이다. 이때는 한 걸음쯤 물러나 다시 한 번 조언을 하는 정도로 이야기를 마무리짓는 것도 좋은 방법이다.

## _ 상대방이 대화의 주인이라고 생각하라

당신이 뭔가를 제안하여 상대방을 설득하려고 하고 있다고 하자. 그런데 상대방은 이미 당신의 제안과 반대되는 목적을 위하여 행동을 하고 있는 상황이다.

당신의 제안을 들었을 때 어떤 일이 벌어지게 될까? 그는 마음속에서 양쪽을 저울질하며 격렬한 갈등을 일으킬 것이다. 이때 만약 당신이 아무런 조치도 취하지 않고 가만 놔둔다면, 그는 결정을 내리지 못하고 방황을 하게 될 것이다.

반면에 당신이 둘 중에 하나를 선택하라고 강요한다면, 상대방은 양쪽 모두를 잃게 되지 않을까 하는 불안감 때문에 갈팡질팡하게 될 것이다. 그리하여 드디어 반대가 시작된다.

게다가 자신의 마음이 흔들리고 있다는 사실 때문에, 그리고 당신이 그의 마음을 흔들어 놓았다는 사실 때문에 더욱 화가 나게된다. 목소리가 커지고 말투가 거칠어지며 호흡이 가빠진다. 그리고 마침내 대화를 중단한다. 이러한 태도는 결국 당신의 의견을따르고 싶다는 바람의 표현이다.

그렇지만 이런 경우에 상대방은 당신의 의견을 따를까? 예를 들어, 회의 도중에 이런 상황이 벌어졌다고 치자. 특히 상사의 의견과 반대되는 제안을 할 경우라면 문제는 더욱 심각하다.

'건방지게, 내 말에 반대한다구?'

'주제에 뭘 안다고 떠드는 거야?'

이렇게 억하심정으로 상사가 당신의 이야기를 듣는다면, 상사는 무슨 핑계를 대서라도 당신의 의견에 반대를 할 것이다. 앞에서도 말했듯이, 당신의 상사는 마음의 갈등으로 인해 더 큰 반대를 불러일으키게 되었기 때문이다.

누군가에게 반대 의견을 낼 때는 먼저 그의 신뢰감을 얻을 수있도록 '내 의견을 당신의 판단에 맡긴다.'는 마음 자세가 먼저갖추어져 있어야 한다. 상대에게 백지 위임장을 맡김으로써, 상대가 당신의 순수성을 깨닫고 호의를 베풀 수 있는 조건을 만들어야하는 것이다. 그리고 나서 반대 의견을 꺼낼 때는 항상 상대방이 대화의 주인공이라는 태도를 가져야 한다.

이를테면, '얘기할 게 있는데…….' 라는 식보다는 '제 얘길 들어 줄 수 있으신지?' 라는 식의 표현이 훨씬 좋다는 것이다. 먼저 자신을 낮추어 겸허한 태도를 보이면, 상대방도 이야기를 들을 마음이 쉽게 생길 수 있기 때문이다.

직장 상사에게 반대 의견을 낼 경우라면 더욱 그렇다. 아랫사람들이 회사의 정책이나 중요 결정 사항에 대하여 의견을 내는 경우 대개는 윗사람들의 심한 저항을 받게 되는데, 이는 앞서 말한 겸손의 원칙을 지키지 않았기 때문인 경우가 많다.

상대방이 상사나 연장자라면 특히 상대의 체면을 세워 주면서 가르침을 구하는 형식을 취하는 것이 좋다.

"듣고 보니 이런 의문이 생겼습니다만, 이런 문제에 관해 생각하시는 바를 가르쳐 주셨으면 좋겠습니다."
라는 식으로 반대 의견을 개진하라는 것이다. 그러면 상대는 당신 의견의 옳고 그름을 떠나 그 문제를 성실하게 고민하고 있다는 점에서 우선 후한 점수를 줄 것이다.

다시 강조하는데, 반대 의견을 말할 때는 상대방을 대화의 주인으로 끌어올리고 자신을 낮추는 겸손함을 가져라.

## _ 반대가 너무 강하면, 잠시 대화를 중단하라

상대방이 마음속으로 갈등을 하고 있다면, 당신은 일단 대화를 중단하는 게 좋다. 당신이 자신의 주장을 계속 반복하거나 반박을 멈추지 않는다면, 오히려 상대방의 갈등을 부채질하여 더 큰 반대를 초래할 수 있기 때문이다.

입장을 바꾸어 생각해 보라. 머릿속의 갈등만으로도 혼란스러운 상황에서 상대방이 자신의 의견으로 계속 당신을 핍박한다면, 오히려 그 상황이 더 짜증스럽지 않겠는가.

중국의 유명한 전략가인 손자는 '완전한 승리를 얻기 위해서는 도망치는 적을 쫓지 마라.'고 했다. 도망치는 적을 공격하다 보면 아군도 궁지에 몰린 적으로부터 적잖이 피해를 입을 수 있기 때문이다. 따라서 이러한 경우에는 상대방에게 뭔가를 선택하도록 강요하지 마라. 재빨리 중립적인 입장을 취하거나 침묵을 지키며 상대방을 가만히 지켜보라. 마침내 어느 정도 상대방이 안정을 찾았다 싶으면 부드러운 목소리로 차근차근 당신의 주장을 다시 설명하라. 이럴 경우엔 되도록 대의명분에 의존해서 당신의 의견을 설명하는 것이 좋다. 상대방도 자신의 입장을 포기하는 데에는 아무래도 명분에 의지하는 쪽이 훨씬 편안함을 느낄 수 있을 것이기 때문이다.

능력 있는 세일즈맨들의 말투에서 우리는 그것을 확인할 수 있다. 예컨대 어떤 부인이 보석이나 값비싼 모피 따위의 진열대 앞에서 갈등하고 있다고 치자. 수완 있는 장사꾼이라면 부인에게 다가와 이렇게 말할 것이다.

"부인께서 아름다워지시면 남편께서도 기뻐하실 겁니다."

그는 '내 한 몸 꾸미자고 이런 비싼 걸 사도 되나?' 하는 갈등을 겪고 있는 부인에게 갈등을 부술 수 있는 명분을 주었다. 말하자면, 부인으로 하여금 자신이 아니라 남편의 만족, 사회적 지위를 충족시키기 위해서라면 그 정도의 거금은 아깝지 않다고 생각할 수 있게끔 만들어 준 것이다.

"당장은 비싸 보일지 모르지만, 이건 중고로 팔아도 제값을 받기 때문에 낭비라고 할 수 없죠."

이쯤 되면 누구라도 그걸 사지 않고는 못 배긴다.

## _ '반대를 위한 반대'에는 뭔가 다른 원인이 숨겨져 있다

대화 중에 누가 당신의 의견을 반대하고 나섰다면, 당신은 우선 그 반대가 설득력이 있는 주장인지를 먼저 판단해야 한다. 만약에 상대방이 이치에 닿는 반대를 하고 있다면 문제는 간단하다. 서로의 의견 차이를 조정하면 될 일이다. 반면 상대방이 전혀 현실적인 근거가 없는 반대를 하고 있다면 그 같은 방법은 전혀 의미가 없다. 그 반대의 이면에는 뭔가 다른 의도를 감추고 있거나 해묵은 감정이 작용하고 있을 것이기 때문이다.

이런 경우라면 전혀 합리적인 해결을 기대할 수 없다. 아무리 명확한 근거를 들이대도 소용이 없다. 그가 원하는 것은 문제 해결이 아니라, 반대 그 자체이기 때문이다.

상대방이 '반대를 위한 반대'를 하고 있다면, 당신은 그를 설득하느라 공연한 시간을 낭비할 필요가 없다. 애당초부터 피하는 게 상책일 수도 있기 때문이다.

그렇다면 먼저 그러한 반대들이 어떤 특징을 갖고 있는지 알아둘 필요가 있다.

**첫째, 필요 이상으로 격하게 반응한다.**

자기 주장에 대하여 자신이 없거나 당신을 증오하는 경우에 나타나는 현상이다.

**둘째, 지나치게 비타협적이다.**

틀림없이 뭔가 다른 이유 때문에 자신의 입장을 고수해야 하는 경우이다.

**셋째, 아무런 상관이 없는 말을 두서없이 갖다 붙이거나 비논리적인 주장을 한다.**

내용과 관계없는 말을 함으로써 당신의 정신을 흐트러지게 하려는 의도이다. 그는 현재의 논점과 관계없는 어떤 것을 당신에게 관철시키려고 연막을 피우는 것이다.

**넷째, 계속하여 자신의 주장을 바꾼다.**

상대방의 주장에 대해 당신이 그럴 듯한 반박을 했을 때, 재빨리 본래의 주장은 버리고 다른 주장을 하는 경우이다. 이런 경우에는 상대방이 이견을 좁히려는 의지가 없다고 보아도 좋다. 애초에 그는 문제의 해결보다는 당신의 콧대를 꺾으려는 목적을 갖고 있을 것이기 때문이다.

당신과 대화하고 있는 상대가 위의 네 가지 가운데 하나에 해당한다면, 그의 말을 반박하는 데 시간을 낭비할 필요가 없다. 그가 이면에 숨기고 있는 의도를 파악하는 것이 중요하다. 여기서 어느 세일즈맨의 이야기를 짚고 넘어가자.

그는 슈퍼마켓을 경영하는 바이어에게 새로 나온 상품을 들여놓으라고 권유했다. 하지만 바이어는 창고에 재고가 가득 쌓여 있다며 한사코 거절했다. 그 상품을 들여놓을 경우 얼마만큼의 이윤이 생기는가를 설명해도, 유리한 조건을 주겠다고 해도 바이어는 요지부동이었다. 오히려 짜증을 낼 뿐이었다.

"정말 귀찮아 죽겠군. 당신네 회사가 항상 재고가 넘치도록 물건을 들이미니, 매번 골탕을 먹는 건 나잖아."

세일즈맨은 슈퍼마켓 주인의 이야기를 잠자코 듣고 있었다. 결국 그 주인은 사실 누군가의 거절할 수 없는 부탁으로 거래선을 바꾸려던 참이었던 것이다. 사정이 그렇다면 재고에 관하여 백 번을 이야기해 봐야 문제가 해결될 리 없다. 이런 경우라면 오히려 상도덕이나 신의를 따지는 것이 백 번 현명한 일이다.

이처럼 맹목적인 반대에 부딪쳤을 때 숨은 원인을 찾아 낼 수 있다면 문제 해결도 한층 쉬워진다. 예컨대 그 반대가 해묵은 감정상의 원인이라면 그 감정의 매듭을 풀 수 있는 길을 찾아야 할 것이고, 상대방의 지기 싫어하는 성격이 원인이라면 더욱 겸손한 데도로 접근하면 될 일이다.

**당신의 말이 이치에 맞을수록 상대방은 더욱 반대한다**

반대는 관심의 또 다른 표현이라는 점을 기억하라. 그것은 상대방이 당신의 의견에 관심을 갖기 시작했다는 것을 뜻한다. 즉 당신만이 그를 설득할 수 있는 기회가 생겼다는 것이다. 반대가 격렬할수록 그가 조금씩 당신의 의견에 동조해 가고 있다고 판단해도 크게 틀리지 않는다.

# 농담의 중요성을 인식하라

　때로는 세상 돌아가는 사소한 이야기가 대인 관계의 활력소가 된다. 사업상의 이야기나 정치적인 토론, 또는 여러 가지 시사적인 대화만이 가치 있는 것은 아니다. 오히려 세상사와 무관한 듯 여겨지는 잡담이 서로의 마음을 자연스럽게 이어 주는 징검다리가 되기도 한다.

　매일 바쁘게 지내는 사람들에게는 아무런 결과도 없는, 그러면서 그저 유쾌하다는 것이 전부인 대화를 주고받는다는 것이 무의미하게 느껴질 수도 있을 것이다. 하지만 신기한 사실은 바쁜 사람들일수록 잡담을 몹시 즐긴다는 사실이다.

　언뜻 보아 아무런 중요성도 없는 쓸데없는 이야기가 사람들과 손쉽게 교제하는 효과적인 수단이 된다는 사실은 참으로 중대한 발견이다. 항상 시간에 쫓기는 현대인들은 사업상의 이야기라든가, 골치 아픈 보고서 따위의 버거운 부담에서 해방되고 싶어하는 욕구가 간절하기 때문이다. 그런데 아무리 시시껄렁한 잡담을 나누고 있는 시간이라 해도, 경우에 따라선 상대방을 지치게 만들거나 본의 아니게 신뢰를 잃게 되는 상황이 빚어진다.

친구들과 어울려 마음 편하게 이야기를 한다는 것은 역시 즐겁고 행복한 일이다. 그러나 문제는 여기에 있다. 그것은 어떤 방법으로 농담을 주고받느냐 하는 데 따라서 자신에 대한 평가가 달라지게 된다는 사실 때문이다.

농담을 할 경우에 범하기 쉬운 과오에는 다음과 같은 것이 있다.

첫째, 이야기를 지나치게 오래 끌고 간다.

둘째, 그 자리에 있는 다른 사람을 빗대어 이야기한다.

셋째, 다른 사람에게 농담을 할 기회를 주지 않는다.

넷째, 다른 사람에게 수치감을 느끼게 한다.


농담을 하더라도 혼자서만 계속 떠들어댄다면 곧 다른 사람의 기분을 상하게 한다. 당신이 이런 부류에 해당되는 사람이라면, 이야기를 적당히 줄이고 요점만 간단하게 설명하는 습관을 들일 필요가 있다.

그리고 사람을 앞에 두고 상대방의 인격에 대한 농담을 하는 것은 몹시 위험한 짓이다. 그 말을 들으며 상대가 겉으로는 비록 웃고 있을지 몰라도 속으로는 몹시 불쾌할 것이기 때문이다.

또 하나 큰 잘못은 대화를 혼자서만 독점하는 것이다. 누군가가 농담을 했다고 치자. 이야기를 듣던 사람들이 그 말에 웃음을 터뜨리려고 하는 찰나에 당신이 느닷없이 또 다른 농담을 한다면, 먼저 말을 꺼냈던 사람은 몹시 화가 날 것이다. 당신은 여러 사람을 기쁘게 하고 싶었던 그의 즐거움을 빼앗아 버린 셈이기 때문이다. 어떤 사람이 농담을 하면, 잠시 사이를 두고 다른 사람들이 웃을 수 있는 기회를 주어라. 다른 사람이 즐거움을 만끽할 기회를 막지 말라는 것이다. 그러한 배려가 끝난 뒤에 당신은 자신의 이야기로 여러 사람을 끌어들여도 늦지 않다.

농담 가운데는 다른 사람들을 곤란하게 만드는 것도 있다. 이를테면 종교에 관한 농담은 아주 민감한 상황을 초래할 수도 있다. 아울러 미망인이 그 자리에 있을 경우에는 미망인에 관한 이야기를 피하고, 말을 더듬는 사람이 있을 경우에는 말더듬이에 관한 소재는 피해야 한다는 것이 농담의 상식이다.

회의장에서 오락적 취향을 이야기한다든가, 여성들의 사교 그룹을 상대로 지루한 세일즈 이야기로 일관하는 것은 센스 있는 농담이라고 할 수 없다. 상황을 농담에 맞추는 것이 아니라, 농담을 상황에 맞추어야 하는 것이다.

농담의 대원칙은 절대로 상대방의 기분을 상하게 해서는 안 된다는 사실이다. 농담을 하는 사람은 항상 주변 상황을 정확하게 인식하고 있어야 한다. 여러 사람 앞에서 주목받는 것도 좋지만, 현재의 상황과 아무런 관계도 없는 천박한 농담으로 분위기를 어색하게 만드는 것은 좋은 화술이라고 할 수 없다.

농담은 당신의 인격과 어울리는 것이어야 하며, 또 현재의 상황에 들어맞는 것이 아니면 안 된다. 어떤 경우에라도 귀에 거슬리는 농담이 되어서는 곤란하다.

잭 베니라는 코미디언은 농담에 관한 한 훌륭한 철학을 가지고 있었다. 그의 말에 따르면, 농담이라고 하는 것은 자신을 도마 위에 올리는 것이지 절대로 남을 희생양으로 삼아서는 안 된다고 했다.

그는 코미디 프로에 출연하여 주로 구두쇠에 관한 농담을 했는데, 시청자들은 누구나 그의 이야기를 좋아했다. 누구에게나 있을 수 있는 일이지만, 잭 베니는 항상 자기 이야기를 농담의 소재로 사용했기 때문에 시청자들은 놀림당하고 있다는 생각을 갖지 않고 거리낌없이 웃을 수 있었던 것이다.

농담을 할 땐 당신 자신을 풍자의 표적으로 삼는 게 가장 안전한 방법이다. 결코 주위 사람들을 표적으로 삼지 마라. 사람들은 대개 자신들의 우월감을 자극하는 것에 대해서만 웃게 된다. 가령 어떤 사람이 바나나 껍질에 미끄러지면 당신은 웃을 것이다. 그것은 당신으로 하여금 '나는 저렇게 멍청하지 않아!' 라는 우월감을 갖게 하기 때문이다.

농담으로 긴장된 분위기를 부드럽게 만들기도 한다. 정치가들은 이러한 사실을 잘 알고 있다. 그러므로 그들은 먼저 재미있는 이야기로 청중들의 긴장을 완화시킨다. 그런 다음에 비로소 자신에게 주의를 끌어당기려고 하는 것이다.

농담 그 자체가 아니라 그 이야기와 관련된 상황 때문에 재미있는 농담이 되는 경우도 있다. '혹시 전에 이야기를 들은 적이 있으시다면 말씀해 주십시오.' 라는 따위의 진부한 인사치레로 미리 방어 자세를 취할 필요는 없다. 일단 상황에 맞는 농담이 떠올랐다면 체면 차리지 말고 이야기를 꺼내라. 단, 빠른 시간 내에 눈치껏 말을 끝맺어야 한다.


## _ 농담의 원칙을 지켜라

"농담을 하는 사람은 자신의 농담에 웃을 권리가 없다."

이런 말을 하는 사람도 있지만, 웃음이란 본래 전염성이 강하다. 그렇다면 말하는 사람의 웃는 모습이 다른 사람의 웃음을 자극하게 된다는 것은 너무나 당연한 일이다.

'저 사람은 진심으로 농담을 즐기고 있군.'

아마 그들은 그렇게 생각할 것이다. 물론 너무 큰 소리로 웃는 것은 별개의 문제다. 농담의 장본인이 필요 이상으로 웃어 버린다면, 사람들은 그를 어릿광대나 바보로 취급할 수 있다.

우스운 이야기를 해 놓고도 전혀 우습지 않다는 듯이 시치미를 떼는 것도 농담의 효과를 배가시킬 수 있는 방법이다. 우리는 그 천연덕스러운 표정으로 인해 더욱 배꼽을 잡고 웃게 될 것이기 때문이다. 어느 쪽이든 자연스럽게만 하라.

농담으로 분위기를 역전시키거나 어색한 상황을 얼버무릴 수가 있다면 그렇게 하라. 상황에 따라 농담은 상대방의 노여움을 누그러뜨릴 수 있는 훌륭한 무기이다.

도로시 딕스는 '농담과 재담은 어색한 상황에 대한 최대의 방어 수단' 이라고 했다.

그러나 재미있는 농담을 할 자신이 없으면 듣는 사람으로서의 역할에 충실하라. 남의 농담도 자신의 농담처럼 즐길 줄 알아야 많은 친구를 사귈 수가 있다. 한 사람의 좋은 청취자는 두 사람의 재담꾼만큼의 가치가 있다는 사실을 항상 기억하라.

어쨌거나 농담이나 잡담의 기술은 오늘날의 긴장된 사회 생활에서 매우 중요한 의미를 갖는다. 상대방이 사소한 것이라도 부담 없이 이야기할 수 있는 편안한 분위기를 만들어라. 그리하여 그가 사업상의 고뇌나 가정적인 문제를 잠시나마 잊을 수 있도록 배려하라. 가끔은 사소한 잡담이 상대의 마음을 여는 열쇠가 될 수도 있다. 상대방의 취미 생활에 대한 것이라도 좋고, 오늘 배달된 석간 신문의 기사에 관한 것이라도 좋다.

사교적인 모임이라면 심각한 이야기는 더욱 피하라. 그런 이야기는 사무실에서나 어울릴 화제이다. 식사나 술자리, 혹은 차를 마시며 편하게 이야기하는 자리에서는 가급적 가벼운 이야깃거리를 택하도록 하라. 커피 타임은 정신의 휴식 시간이므로, 이런 자리에서 진지한 토론은 금물이다. 테이블 위에 다리를 올려놓고 있는 것 같은 편안한 기분으로 즐거운 잡담의 한순간을 즐기는 것이다. 사업에 관한 이야기나 계획 따위는 나중에 해도 늦지 않다. 메모지 같은 것은 작업대 위에 놓고 와야 하는 것이다!

가끔은 평범한 대화도 즐길 줄 알아야 한다. 세상 돌아가는 이야기의 위력을 확인해 보고 싶다면, 당신도 체면 따위는 잊어버리고 즐거운 잡담에 섞여 긴장을 풀어 보라. 특히 그 이야기가 당신 자신에 관한 것이라면, 더욱 기분 좋게 화제를 이끌어 가야 한다. 상대방으로 하여금 좀더 듣고 싶다는 마음이 들 수 있도록 편하게 이야기하라. 아울러 상대방의 이야기가 끝나면 즉각 흥미를 표현하는 것도, 사소한 대화를 강렬한 호감으로 마무리짓는 비결임을 명심하라.

**농담에도 때와 장소가 있다.**

농담을 하는 사람은 항상 주변 상황을 정확하게 인식하고 있어야 한다.
여러 사람 앞에서 주목받는 것도 좋지만, 현재의 상황과 아무런 관계도
없는 천박한 농담으로 분위기를 어색하게 만드는 것도 좋은 화술이라
고는 할 수 없다.

# 때로는
# 적극적인 거짓말도 필요하다

거짓말을 좋아하는 사람은 아마 없을 것이다. 그러나 우리는 마치 서툰 무당이 막연하게 때를 기다리는 것처럼 인생의 한쪽 구석에 바보처럼 웅크리고 있어서는 안 된다. 그런 인생은 너무나 따분하고 지루하며 때로는 더할 나위 없이 무기력하다.

우리는 소위 출세를 한 인물들 가운데서도 노련한 거짓말쟁이들을 심심찮게 발견할 수 있다. 카사노바, 돈 판, 히틀러 등 그들 모두가 철저하게 남을 속였으나, 역사 속에 그 이름은 길이 남아 있다. '그들은 출세했다, 대단한 거짓말쟁이였지만.' 하지만 실제로 그것이 진정한 의미의 성공일까?

도전으로써의 거짓말과 자만심, 선의의 거짓말과 사기는 전혀 다른 것이다. 하지만 그런 인물들이 성공할 수 있었다는 사실은 어떤 의미일까?

현대 사회가 요구하는 이상적인 인물은 거짓말의 적극성까지 구비한 도전적인 사람이기 때문이다. 물론 앞에서 언급했던 사람들은 이런 시대적 요청의 사생아라고 할 수 있겠지만.

탁월한 리더십의 소유자로서 결코 자만에 빠지지 않고 온화한 화술로 사물을 논하는 사람, 병적인 솔직함에 집착하기보다는 대의를 위하여 적극적으로 거짓말을 할 수 있는 사람, 이런 사람들이야말로 이 시대가 요구하는 인간형인 것이다.


만약 당신이 남다른 장점을 갖고 있는데도 많은 사람들의 그늘에 가려져 있다면 어떨까. 성공의 사다리 위로 도달하게 되는 시기가 아마 몇 배는 늦어질 것이다.

네온사인은 소비자들의 주의를 끌기 위해 만들어졌다. 아무리 질 좋은 상품이라 해도 저절로 팔리는 것은 아니기 때문이다. 사회 생활도 마찬가지이다. 자신의 뛰어난 개성이나 장점을 널리 알리지 않고 출세한 사람은 아마 드물 것이다.

이런 경우를 대비하여 당신은 '자신을 인식시킨다.'는 요령을 확실하게 익혀 두지 않으면 안 된다. 그렇다고 해서 '나는 위대한 인물이다.'라고 쓴 팻말을 직접 목에 걸고 돌아다녀야 한다는 뜻은 아니다. 그런 짓은 고작 웃음거리밖에 되지 않을 것이다.

그러나 회식 자리 같은 곳에서 혼자 멍청히 앉아 대화에도 끼지 않는다면, 차라리 집에서 텔레비전이나 보는 편이 훨씬 낫다. 물론 승진이나 성공의 기회는 영영 멀어지게 된다는 사실을 기억해야겠지만.

우리는 무엇보다 자기 자신을 교묘히 선전하는 방법을 배울 필요가 있다. 대개 유능한 장사꾼은 다른 사람의 입을 통해서 자신의 상품을 선전하게 하는 재주가 뛰어난 이들이다. 흔히 능력이라는 것은 가만히 있어도 자연스럽게 인정받게 되는 것인 줄 알고 있는 사람들이 많은데, 그것은 잘못된 생각이다. 다른 사람들 눈에 띄지 못하는 능력은 아무짝에도 소용없다.

어떤 조사에 의하면, 은행에 근무하는 사람 가운데 77%는 적당히 상사의 주목을 받는 일에 태만했기 때문에 실력이 있는데도 불구하고 승진에 실패했다고 한다. 그들의 능력은 지나친 겸손으로 인해 쓸모 없는 것이 돼 버린 셈이다. 겸손이 미덕이라고는 하지만 사회 생활을 하는 이상, 그것을 지나치게 의식하는 태도는 자칫 무능하다는 인상을 주기 쉽다.

"저는 그 일을 잘 처리할 수 있습니다."

만약 성공의 야심이 있는 사람이라면 상사 앞에서 재빨리 이렇게 말해야 할 것이다.

"그것은 나에게 꼭 맞는 일입니다."

그런 다음 그것을 입증하면 되는 것이다.

성공하기 위해서 반드시 팔방미인이 되어야 한다는 말은 아니다. 때로는 결점을 재빨리 시인함으로써 당신은 더욱 신뢰받는 인간이 될 수도 있다. 그 대신 장점 또한 최대한 빨리 강조하라는 것이다.

## _ 자신을 돋보이게 만들라

당신의 상사는 사람의 능력을 꿰뚫어볼 수 있는 대단한 통찰력을 가진 것도 아니고, 당신의 가치를 세밀히 분석할 만한 여유가 있는 사람도 아니다. 그러므로 당신의 재능을 강조할 수 있는 사람은 오직 당신 자신뿐이다.

이제부터라도 당신이 가장 잘할 수 있는 주변 사람들의 주의를 끌도록 기민하게 행동하라. 당신의 존재를 알리기 위해 건물 옥상에 올라가 고함을 지른다거나 사람들 앞에서 어릿광대 흉내를 낼 필요는 없겠지만, 언젠가는 알아 줄 사람이 있으리라 믿고 한쪽 구석에 앉아만 있는 것은 정말이지 미련한 행동이다.

당신 자신을 너무 떠벌리는 것도 좋지 않다. 사람들의 주의를 자기 자신에게 끌어들이는 데는 은근하고도 특별한 방법이 필요할 때도 있다.

가령 면접 시험을 보러 갔다가 취업 지망자들이 줄지어 서 있는 것을 보고 '행렬 끄트머리에 서 있는 붉은 머리칼의 청년을 만날 때까지는 아무도 고용하지 마십시오.'라고 쓴 메모를 미리 전달한 다면, 자기를 올바로 알리는 좋은 방법이 될 수 있다. 최소한 면접 도 받지 못한 채 집으로 돌아가야 하는 최악의 상황만은 막을 수 있을 테니까.

위대한 배우 율브린너는 머리를 빡빡 밀어 버림으로써 자신의 연기력에 세인들의 주의를 집중시켰다. 간혹 다른 사람들의 주의 를 끌기 위해서는 적당한 쇼맨십도 필요하다. 단 그것이 겉치레에 불과해서는 아무 의미가 없다.

IBM에서는 'think(생각하라.)'라는 한 마디 말로써 그 기계에 대한 소비자의 주의를 끌어당기고 있다. 'IBM의 기계를 구입하도 록 하십시오.' 따위의 광고는 어디에서도 찾아볼 수가 없다. 'think'라는 단 한 마디의 말이 훌륭한 광고 효과를 나타내고 있 기 때문이다.

어떤 정치가는 사람들의 주의를 끌기 위해서 역설적인 표현을 이용했다. 그는 만나는 사람마다 악수를 청하며 이렇게 덧붙였다.

"나는 이제까지 싫은 사람과는 만난 적이 없었습니다."

러브 골드버그는 이와는 전혀 반대의 입장을 취했다. 그는 이렇 게 말했다.

"나는 좋아하지 않는 사람과도 자주 만나고 있습니다."

골드버그는 주로 유명한 공직자들의 이미지를 풍자하는 정치 만화가였다. 당신의 능력을 알리는 데에도 여러 가지 방법이 있을 것이다. 다만 그것이 형식적인 제스처가 되지 않도록 주의하라.

## _ 좋은 대화 상대가 되도록 노력하라

타인의 호감을 얻을 수 있는 전술은 좋은 청취자가 되어 주는 것이다. 만약에 당신이 대인 관계에 능통한 사람이라면, 이런 것쯤은 알고 있을 것이다.

상대방에게 적절한 관심을 잘 표현한다면, 훌륭한 화술로 사람들의 주목을 끄는 것 이상의 효과를 얻을 수 있다. 가령 상대방의 말이 끝나길 기다렸다가 급히 서둘러 이렇게 말하는 것이다.

"참 의미 있는 말씀이었습니다. 좀 더 늘려 주십시오."

상대방에게 '내가 당신 말을 열심히 경청하고 있소.' 라는 확신을 주어 보라. 그렇게 하면 상대는 즉시 기분이 좋아져서 당신에게 주의를 기울이게 될 것이다.

어쨌든 당신은 그의 팬이기 때문에……. 이 세상에 자기 자신의 팬이 있다는 걸 기뻐하지 않을 사람이 과연 몇이나 될 것인가? 누구나 이와 같은 유혹에는 끌리게 마련이다.

이와 반대로 상대방이 이야기를 하고 있는데도 여기저기를 기웃

거린다거나 지루한 표정을 짓는다면, 당신은 그의 말이 끝나기가 무섭게 그가 일어서서 나가는 것을 보게 될 것이다. 또 상대방이 이야기하고 있을 때는 쓸데없는 참견을 해서도 안 된다. 예상치 못한 참견에 상대는 몹시 당황하게 될 것이 분명하기 때문이다.

그들은 당신의 주의를 끌기 위해서 내심 초조해 할 것이다. 게다가 어떤 식으로든 자신의 말이 틀렸다는 지적을 받게 될 경우, 그들은 당신에 대해서 열등감을 느끼게 될 것이다. 그리하여 이윽고 당신은 상대로부터 미움을 받게 되는 것이다.

사람은 누구나 자기 앞에서 선생 노릇이나 하려는 상대를 달가워하지 않는 법이다. 그러므로 '남에게 인정받는' 즐거움을 상대방에게 주어야 할 때를 잘 잡는 것이 중요하다. 몸과 마음을 기울여 그의 한 마디 한 마디를 분명히 알아차려야 한다. 그리고 나서 당신이 말할 차례가 됐다고 생각한다면, 이야기를 전문으로 하는 사람처럼 진지하고도 교묘하게 떠벌리는 것이다.

결코 내성적인 그늘에 숨어서는 안 된다. 우선 좋은 대화 상대가 되도록 노력하라. 그러나 당신 차례가 올 때는 적극적인 이야기꾼이 되어야 한다. 인생의 뒷구멍에 숨어 있는 사람은 출세하지 못한다. 만약 당신이 성공을 원한다면, 몇 가지의 전술과 쇼맨십을 활용해야 한다.

첫째, 남에게 인정받는 방법을 몸에 익혀라.

둘째, 품위 있는 방법으로 주의를 끌어당겨라.

셋째, 은근하고도 특별한 방법으로 당신의 재능을 남에게 나타내라.

넷째, 먼저 좋은 이야기 상대자가 되어 주고, 다음에 좋은 이야기꾼이 되도록 노력하라.

**주의의 시선을 끌어들여라**

당신이 가장 잘할 수 있는 일에 주변 사람들의 주의를 끌도록 기민하게 행동하라. 당신의 존재를 알리기 위해 건물 옥상에 올라가 고함을 지른다거나 어릿광대 흉내를 낼 필요는 없겠지만, 언젠가는 알아 줄 사람이 있으리라 믿고 한쪽 구석에 앉아만 있는 것은 정말이지 미련한 행동이다.

chapter

4

# 성공은 그것을
# 관리하는 사람의 것이다

## 스스로
## 인생의 주체가 되어라

슬프게도 인간이란 다른 사람이건 자신에 대해서건 좋은 면보다 나쁜 면을 먼저 인식하는 존재들이다. '우리 집안 환경이 나쁘기 때문에 나는 성공할 수 없다.' '나는 키가 작기 때문에 인기가 없다.' '나는 너무 뚱뚱하기 때문에 이성 친구를 사귀지 못할 것이다.' '나에겐 돈이 없기 때문에 친구들이 무시하는 것이다.' 등등의 불평도 결국은 그런 부정적인 생각에서 비롯되는 것이다. 이 세상에 완전함이란 있을 수 없다는 것을 분명히 자각하는 사람은 극히 드문 것 같다.

한 번 생각해 보자. 과연 이 세상에 완전한 환경, 이상적인 여건을 갖추고 살아가고 있는 사람이 몇 명이나 될까? 완전함이라는 개념과 일치되는 조건 속에서 삶을 향유하는 사람은 이 세상에 단 한 명도 없을 것이다.

대부분의 사람들은 불완전한 조건, 완전하지 못한 능력, 만족스럽지 못한 환경 속에서 살아가고 있다. 그래서 목표가 필요하고, 계획이 요구되는 것이다. 어려움을 이겨 내겠다는 강한 의지와 완벽을 추구하는 창조적인 정신이 없다면, 그 사람의 인생은 말 그대로 불완전한 것이 된다.

이 세상에는 실패한 사람도 많지만 성공한 사람도 얼마든지 있다. 특히 성공한 사람들의 대부분은 어려운 여건 속에서 그들의 목표를 훌륭하게 달성시킨 사람들이다. 그들은 생활 속에서 스스로 주인이 된 사람들이다. 그들은 자신의 목표와 계획을 남에게 미루지 않고 스스로 실천한 사람들이다. 아울러 '남이 할 수 있는 일은 나도 할 수 있다.'는 신념을 가진 사람들이다.

당신 역시 해낼 수 있다. '그러니까 나는 할 수 없다.'는 소극적인 생각으로부터 탈피하라. '그럼에도 불구하고 나는 한다.'는 적극적인 사고 방식을 가져야 한다. '그럼에도 불구하고'라는 진취적인 사고 방식은 자신의 목표를 현실화시키는 데 있어서 필수적인 조건이다. 길은 스스로 찾는 사람에게 열리는 법이다.

평소에는 게으르기 그지없다 하더라도 낚시를 좋아하는 사람은 아무도 일어나지 않는 이른 새벽에 집을 나선다. 너무 게을러서

부모가 시키는 심부름 한 번 제대로 못 하는 어린이도 노는 일에는 밤과 낮의 구별이 없다. 무슨 일이든 자신이 그 일에 흥미를 갖는다거나 혹은 생각의 방향을 바꾸면 의외로 높은 성과를 올릴 수 있다.

아무리 대단한 일이라 하더라도 억지로 하고 있으면 육체적인 피로가 심하고, 정신적으로도 의욕이 떨어진다. 삶에 끌려 다녀서는 안 된다. 삶을 지배해야만 한다. 직장이라는 사회는 하나의 거대한 기계와 같다. 당신은 이 사회의 부속품처럼 움직이지 말고, 그 부속품을 움직이게 하는 엔진이 되어야 한다. 무슨 일이든 자기에게 주어진 일은 '더욱 잘하고, 더욱 빨리 하고, 더욱 쉽게 한다.'는 목표를 정하고 삶을 사랑한다면, 당신은 생활의 지배자가 될 수가 있을 것이다.

아침이 오기 때문에 태양이 뜨는 것이 아니다. 그렇다고 태양이 뜨기 때문에 아침이 오는 것도 아니다. 주어진 삶에 끌려 다니지 말고 당신이 당신 삶의 주인공이 되어라.

인생에는 행운과 불행이 있다. 자기는 최선을 다했는데도 예고 없이 불행이 닥쳐오는 경우도 있다. 또한 세상에는 불가항력이라는 것도 있다. 그러나 대부분 일을 그르치고 인생의 패배자가 되는 것은 그 책임이 본인에게 있는 경우가 대부분이다. 조금만 섬세하게 주의하고 인간 관계에 신경을 썼더라면 좋은 결과를 가져올 수 있는 일도, 사소한 부주의 때문에 상대방의 기분을 언짢게 하거나 오해를 유발시켜서 그 피해가 본인에게 돌아오는 경우가 많다. 특히 직장에서의 태도와 언어 습관에는 각별히 신경을 쓰지 않으면 안 된다.

당신의 운명은 남이 아닌 바로 당신이 만든다. '녹은 쇠에서 나와서 쇠를 망친다.'는 사실을 기억하라. 당신의 운명에 대한 책임은 마땅히 당신 자신이 져야 할 것이다.

사람과 그릇은 있는 대로 쓴다는 말이 있다. 평소에는 중요한 역할을 하지 않던 사람도 바쁠 때는 뭔가 할 일이 있다. 당신은 평소에는 크게 쓸모가 없지만 급할 때 그럭저럭 쓸 수 있는 그릇감의 존재가 되어서는 안 된다.

본인은 윗사람으로부터 신뢰를 받고 있다고 생각할지 모르나 상황은 결코 그런 것이 아니다. '만약 이 조직에 내가 없다면 얼마나 타격이 클까?' 하는 점을 생각해 보라. 언제든 다른 사람으로 대체할 수 있는 편리한 사람이 되지 말고, 어떤 사회에서든 없어서는 안 될 꼭 필요한 사람이 되어야 한다.

사회는 적당히 편리하기만 하면 되는 사람을 필요로 하는 것이 아니다. 당신은 그 사회에 있어서 꼭 필요한 사람이 되도록 힘써라. 만약 당신이 남들에게 있어서 '적당히 편리한 사람'으로 인식된다면 당신을 평범한 소시민으로 끌어 내리는 결과가 되지만,

'꼭 필요한 사람' 이라는 인식을 심어 주게 되면 당신을 보다 차원 높은 인생으로 이끌어 줄 것이라는 사실을 잊지 말라.

 **길은 찾는 사람에게 열린다**

당신은 해낼 수 있다. '그러니까 나는 할 수 없다.'는 소극적인 생각으로부터 탈피하라. '그럼에도 불구하고 나는 한다.'는 적극적인 사고 방식을 가져야 한다. '그럼에도 불구히고'라는 진취적인 사고 방식은 자신의 목표를 현실화시키는 데 있어서 필수적인 조건이다. 길은 스스로 찾는 사람에게 열리는 법이다.

무슨 일이든 자기에게 주어진 일은 '더욱 잘하고, 더욱 빨리 하고, 더욱 쉽게 한다.'는 목표를 정하고 삶을 사랑한다면, 당신은 생활의 지배자가 될 수가 있을 것이다. 삶에 끌려 다녀서는 안 된다. 삶을 지배해야만 한다. 당신 삶의 주인공이 되어라.

## 큰 소리로 자신의 성공을 외쳐라

하루에도 몇 번씩 '만일 내가 부자와 결혼할 수만 있다면······.' 하고 생각하는 것만으로는 아무것도 이룰 수 없다. 당신의 욕망을 불태우지 않으면 성공은 오지 않는다. 주먹을 단단히 쥐고 턱을 내밀고 '나는 성공해야 한다. 반드시 성공하고야 말 테다!' 마음속으로 이렇게 외치며 오랫동안 열의를 쏟아 보라. 언젠가 당신은 반드시 그렇게 될 것이다.

그렇게 함으로써 당신은 당신의 두뇌와 잠재 의식에 자신의 성공이라는 깊은 흔적을 남겨 놓은 셈이기 때문이다. 성공은 욕망의 불꽃으로 피어나는 것이다.

그런 이유에서 유명한 식료품 연쇄점인 글리스테드 브러더즈

사의 사장 J. 헨리 하이트만의 이야기는 중요하다. 그는 열의와 욕망으로 출세 가도를 향해 돌진한 사나이였다.

당시 14세의 키다리 소년이었던 헨리 하이트만이 뉴욕 7번가 138번지의 작은 글리스테드 상점에 들어가서 일자리를 구한 것은 1910년 5월 1일의 일이었다. 그는 주급 5달러를 받고 배달 업무를 보는 사환으로 일하게 되었다.

그 후 그는 정식으로 점원이 되었고, 이윽고 가게의 장이 되었다. 1913년에는 그 회사의 창고 주임으로 승진했고, 또 몇 년 후에는 이윽고 본점의 구매 주임이 되었다. 9년 후에 하이트만은 연쇄점 전체의 구매 책임자가 되었고, 1935년에는 부사장으로 승진했다. 마침내 1948년에 옛날 한 지점의 배달 사환이었던 소년은 그룹 전체의 사장이 되었다.

아마 당신은 이와 비슷한 성공담을 익숙하게 들어왔을 것이다. 우리 모두 '자신만의 별'을 발견하면, 그 별을 손에 넣겠다는 충동과 열의로 불타오른다. 그것을 추구하는 의지와 인내력을 잃지 않는 한 우리 모두는 성공의 커다란 기회를 눈앞에 둘 수 있다.

그들은 미친 듯이 성공을 장담하고 머리를 쥐어짠다. 어쩌면 당신은 그런 짓까지 해가며 성공이란 것을 하고 싶지는 않다고 생각할지도 모른다. 그러나 이런 행동을 통해서 그들은 한 가지 일을 하고 있다는 것을 기억해야 한다. 그들은 성공이라는 간절한 희망, 염원, 욕망을 자신들의 마음에 새기고 있는 것이다.

모든 종교는 불타는 욕망에서 발생한다. 모든 종교의 창시자들은 하나같이 눈빛이 강렬하다. 바로 거기서 성공에 대한 희망의 불꽃이 타오르고 있기 때문이다. 빌리 그레함이라든지 그 밖의 복음 전도자들은 불의 외침과 움켜쥔 주먹으로 정상의 자리에 올라갔다. 그들이 말을 할 때에는 온몸이 전율했다. 팔을 흔들며 주먹을 내밀었다. 그리고 외쳤다.

꿈을 자기 자신에게 이야기하거나, 그것을 큰 소리로 외치는 것이 어째서 중요한가? 그것은 바로 자기 암시의 최면 효과를 불러일으키기 때문이다. 당신은 당신의 꿈을 자기 자신의 뇌리에 각인시켜야 한다.

어떤 심리학자는 이러한 행위를 심리적 경험에 의해 생겨난 생리적 흔적이라는 뜻으로, '인그레인'이라고 부르고 있다. 이 학설을 주장한 심리학자의 이론에 의하면, 잠재 의식은 인간이 태어나기 이전부터 축적되기 시작한다고 한다.

그는 우리들이 듣는 것, 보는 것, 만지는 것, 냄새 맡는 것, 혹은 손에 들고 있는 것들이 인그레인을 초래하고, 이러한 인그레인이 좋은 기회를 만나면 원하는 것이 무엇이든 그것을 가능하게 하는 것이라고 주장했다. 또한 인그레인은 특수한 육체적 반응을 만들고, 그것이 다시 꿈을 당신의 마음속에 새겨 놓는다. 큰 소리로 외치는 것은 속삭이는 것보다는 오래도록 기억에 남는 법이다.

"나는 성공하고야 말 테다."

하고 남몰래 중얼거리는 것도 도움이 되지 않는 것은 아니지만, 외치는 것은 당신의 육체와 마음을 화학적으로 뒤흔든다. 그것은 성공의 결의를 몸에 붙이는 것이다.

"나는 성공해 보이고 말 테다!"

라고 하루 종일 되풀이하고 그 결과를 관찰하라. 당신은 성공한 사람처럼 보이기 시작할 것이다. 쿠우에는 항상 이 점을 강조하고 있었다. 그는 모든 사람들에게,

"오늘도 나는 모든 점에서 잘 되어가고 있다."

라고 중얼거리도록 권했다. 성공을 먼저 자신의 마음속에서 강렬하게 불붙이는 것이 그 무엇보다도 중요함을 잊지 말아야 한다.


제2의 포드나 에디슨은 계속해서 나타나고 있다. 가령 군인이었던 루이스 O. 프렐은 아내와 함께 아기를 데리고 여행을 할 때 우유의 신선도를 유지시킬 수 있는 방법이 없을까 고심했다. 그래서 그는 자동차에 장착할 수 있는 냉장고를 발명했고, 그것은 3만 8천 달러라는 거금에 팔렸다.

W. L. 잰디슨은 부츠의 끈을 매는데 애를 먹었다. 그 또한 성공

의 꿈으로 불타올랐다. 그의 당면 과제는 신발에 지퍼를 달면 어떨까 하는 문제였다. 그는 끊임없이 연구했고, 꿈을 이루기 위해 온갖 정성을 기울였다. 결국 그는 꿈을 이루었다. 그리하여 지금은 대부분의 부츠에 지퍼가 달려 있다.

헨리 S. 파멜은 시카고에 있는 자신의 피아노 공장에 대한 화재 보험료가 지나치게 높게 책정된 것이 못마땅했다. 이윽고 그는 화재 진압용 스프링클러를 발명했다.

13세의 톰 브랜차드는 자신이 부엌일을 쉽게 할 수 있도록 하기 위하여 사과나 감자를 벗기는 기구를 발명했다. 페어뱅크스는 저울의 부정확성에 진절머리가 난 결과, 추를 매달았다.

그들은 아이디어를 움켜쥐었다. 그리고 어디서부터 손을 써야 좋을지 어떻게 하여 그것을 시동시킬 것인가를 고민했으며, 그런 다음 그것을 포기하지 않고 끝까지 시도했다. 그리고 그들은 그 성과를 즐기는 방법을 알고 있었다. 즉 그들은 성공의 기본 방식을 알고 있던 사람들이었던 것이다.

더욱더 중요한 것은, 그들은 자신의 꿈에 불을 당길 수 있었다는 점이다. 그들은 꿈과 함께 불타올랐다. 그들은 그것을 친구들에게 큰 소리로 이야기했다. 그들은 자신을 향해서도 그것을 외쳤다. 그들은 자신의 꿈에 열중하고 몰두했다. 그리고 다시 그 불길은 추진력으로 자신의 꿈을 일궈 냈다.

강한 불은 좋은 질그릇을 구워 낸다. 가장 견고한 강철을 달구어 내는 것도 불의 힘이다. 한 사람을 지도자로 만드는 것도 의지라는 꿈의 불꽃이 있었기 때문이다. 그러므로 당신의 꿈을 위해서 성공의 횃불을 점화시켜야 한다. 열의는 보다 더 뜨거운 열의를 낳는 법이다.

**희망을 마음에 새겨라**

성공을 원하는 사람들은 미친 듯이 앞날을 장담하고 머리를 쥐어짠다. 어쩌면 당신은 그런 짓까지 해가며 성공이란 것을 하고 싶지는 않다고 생각할지도 모른다. 그러나 이런 행동을 통해서 그들은 한 가지 일을 하고 있다는 것을 기억해야 한다. 성공이라는 간절한 희망, 염원, 욕망을 자신들의 마음에 새기고 있는 것이다.

성공하려면 습관을 바꿔라

## 생각의
## 방향을 바꿔라

어떤 사람이 지금 인생의 심각한 기로에 서 있다. 뚜렷하게 잘 되는 일도 없고, 그렇다고 아주 안 되는 일도 없다. 말 그대로 간신히 현상 유지는 하고 있지만, 언제 최악의 상황을 맞을지도 모른다는 불안감이 들 정도로 모든 게 좋지 않다.

사실 어느 누구라도 이런 상황에 처하지 말라는 법은 없다. 그러나 수시로 좌절하고 패배를 맛보면서 살아가는 것이 인생이다. 그럴 때일수록 자신이 처한 상황을 최대한 긍정적으로 받아들이고 도전해야 한다.

대부분의 인생은 그 운명의 당사자가 꿈꾸는 대로 이루어진다. 항상 미래를 낙관적으로 보는 사람에게는 안 될 일도 이루어지지만, 그 반대인 사람은 쉽게 될 법한 일도 실패하고 마는 경우가 있다. 곧 사람의 삶에는 '마음에 그리는 것이 현실로 나타난다.'는 것과 '자신이 인정하는 것만이 존재한다.'는 마음의 법칙이 존재한다. 또한 이를 충분히 활용함으로써 새로운 운명을 개척할 수도 있는 것이다.

이처럼 자신의 마음에 그리는 것이 현실로 나타나는 일은, 특히 부정적인 측면에 있어서 그 영향이 두드러진다. 침울하고 나약한 마음은 인내력의 방해물이 되어, 어떤 일에 최선을 다하지 못하도록 만들기 때문이다. 곧 현명한 사람이라면 이러한 일종의 법칙을 잘 이용하여 자신에게 긍정적인 결과를 도모해야 한다. 항상 꿈과 신념을 잃지 않고 최선을 다해서 노력하는 자세를 가지는 것이 좋다.

결국 자기 스스로의 마음이 중요한 것이므로, 자신의 운명을 좋은 쪽으로 유도하기 위해서는 좋은 생각을 하면 된다. 또한 '자신이 인정하는 것만이 존재한다.'라는 삶의 법칙을 잊어서는 안 된다. 현재 어떤 나쁜 운명에 처해 있는 사람이라면, 그 나쁜 처지를 모면하기 위해서는 나는 암울한 처지에 있다든가, 나는 운이 나쁘다든가 하는 좋지 않은 현실을 순순히 인정하지 말고 강력하게 거부하는 것이 좋다.

자신이 나쁜 처지에 있을 때 그것을 인정하고 나면, 그것이 다음에 또 싹이 틀 종자가 되는 것이다. 그러면 계속해서 나쁜 일이 반복될 수도 있다. 그러므로 아무리 어려운 일에 부딪혔다 하더라도 절대 그것의 존재를 인정해서는 안 된다. 이는 곧 운명에의 굴복을 의미하는 것이기 때문이다.

일단 심리적인 선택이 자신의 환경을 결정하고 나면, 그 환경은 다시 그의 마음에 영향을 끼친다. 이럴 때 자칫하면 환경적인 조건이 마음을 지배하게 된다. 이런 식의 악순환은 마음과 환경이 맺은 불가분의 관계이다. 그러므로 그 악순환을 없애기 위해서는 앞서 말한 대로 자신의 나쁜 처지를 인정하지 않는 태도가 가장 중요한 것이다.

예를 들어, 지금 불치병으로 죽음을 눈앞에 두고 있더라도 그걸 인정하지 않고, '나는 건강하다.'고 생각하는 것이다. 또는 극심한 가난에서 헤어나지 못하고 무척 궁핍한 생활을 하고 있더라도, '나는 풍족한 사람이다.'라고 생각할 수 있는 배짱과 신념을 가지는 것이 필요하다. 이 모든 것이 마음먹기에 달린 것이다.

비록 성취할 수 없는 것이라 해도 생각은 할 수 있다. 물론 그 망상에 빠져서 다른 일을 도외시한다면 아주 비싼 대가를 치르게 되겠지만, 어찌 되었든 '생각할 수 있는 자유'는 인간에게 주어진 가장 소중한 특권이자 권리라고 하겠다.

'자신이 인정하는 것만이 존재하는 것'이므로, 좋지 않은 상황을 인정하는 것부터 그만두어야 한다. 남보다 불행한 삶을 살고 있다고 생각되더라도, 나름대로 행복하다고 생각하라는 것이다. 이것이야말로 마음의 밭에 좋은 씨앗을 뿌리는 작업인 것이다.

"혹독한 불행 속에서 행복하다고 생각하라니, 말도 안 되는 소리이다. 그것은 더할 나위 없이 어리석은 짓이다."

물론 이렇게 말하는 사람도 많을 것이다. 그들은 자신의 처지를 있는 그대로 인정하는 것이야말로 그 어려움을 쉽게 해결하는 열쇠라고 주장한다. 그러나 바보 같은 아이를 바보라고 인정한다고 해서 그 아이가 영리하게 변하는 일은 없을 것이다.

만일 어떤 환자의 심각한 병을 치료하는 의사가 사실대로 말해 주는 것이 옳다고 생각한 끝에 이렇게 말한다고 치자.

"이제 당신은 도저히 살아날 방법이 없습니다. 어떠한 치료를 한다 해도 병세는 호전되지 않을 것입니다. 하지만 아무런 치료도 시도해 보지 못하고 죽는다면 너무나 억울한 일이니, 주사라도 몇 대 맞아 봅시다."

아무리 돈만 밝히는 저질 의사라도 죽음을 눈앞에 둔 환자에게 이런 말을 하지는 않을 것이다. 설사 환자의 증세가 아주 위중하여 회복이 불가능하다는 판단이 들더라도, 짐짓 용기를 주는 말을 하는 것이 정상이다. 그것이 비록 거짓말일지라도 선의의 마음으로 환자를 위로하고 격려해야 한다는 것이다.

대개 의사들은 환자의 낙심하는 마음이 병세에 얼마나 치명적인 영향을 미치는지에 대해서 누구보다도 잘 알고 있다. 그런 까닭에 가능하면 긍정적인 말로써 환자의 투병에 도움이 되도록 한다. 훌륭한 의사일수록 거짓말인 줄 알면서도 환자의 병세에 대하여 긍정적인 말을 하는데, 그것은 자기의 수입을 걱정해서가 아니다. 오로지 환자의 투병 의지를 북돋워 현대의 의술로도 극복하지 못하는 한계를 환자의 의지로써 극복하게 하려는 것이다.

　위의 예처럼, 긍정적인 사고와 말은 절망에 빠진 사람에게 무한한 희망과 용기를 준다. 그렇기 때문에 자기의 신념에 부합하는 정당한 상황을 인정한다는 것은 매우 중요하고도 바람직한 일이다. 또한 무엇을 인정하고 인정하지 않을 것인가 하는 문제는, 오로지 자신의 마음이 결정하는 자의적인 것이어야 한다. 달리 말하자면, 무엇인가를 인정한다는 것은 마음에 희망의 씨앗을 심는 것이다. 그것은 주어진 운명에 의지의 그림을 그린다는 뜻이기도 하다. 그런 이유로, 아직 찾아오지도 않은 실패를 미리 생각한다는 것은 참으로 우매하고 미련한 짓이다. 다시 한 번 강조하거니와 자신의 운명은 자기 스스로 개척하는 것이다.

### 운명은 자기 스스로 개척하는 것이다

인생은 그 운명의 당사자가 꿈꾸는 대로 이루어진다. 사람의 삶에는 '마음에 그리는 것이 현실로 나타난다.'는 마음의 법칙이 존재하는 것이다. '자신이 인정하는 것만이 존재한다.'라는 삶의 법칙을 잊어서는 안 된다. 무엇인가를 인정한다는 것은 마음에 희망의 씨앗을 심는 것이다. 그것은 주어진 운명에 의지의 그림을 그린다는 뜻이기도 하다. 자신의 운명은 자기 스스로 개척하는 것이다. 이러한 개척 정신은 이미 주어진 운명도 능히 바꿀 수 있는 것으로, 이보다 더 자신의 삶을 값지게 하는 것도 없다는 사실을 결코 잊어서는 안 될 것이다.

## 성공한 사람들과
## 교류하라

어느 날 J. P. 모건은 어떤 사람으로부터 1천 달러를 빌려 달라는 부탁을 받았다. 그는 돈을 빌려 달라고 한 사람의 어깨에 손을 얹고 이렇게 말했다고 한다.

"나하고 같이 주식 거래소 안을 걸어 봅시다. 그러면 누군가가 기꺼이 당신에게 1천 달러를 빌려 줄 거요."

모건은 세계적인 은행가인 자신과 함께 있는 모습을 보여 주기만 해도 상대방이 원하는 것을 얻게 될 것이라는 사실을 알고 있었다. 만일 당신이 누군가 훌륭한 사람과 함께 있는 것을 다른 사람들이 본다면, 사람들은 당신이 최소한 그와 비슷한 인물이라고 여길 것이다. 성공하고 싶거든 성공한 사람과 사귈 일이다.

광산촌에서는 사람들이 주로 석탄 이야기를 한다. 그것만으로도 서로 이야기가 통한다. 또한 성공한 사람들은 그들의 성공적인 인생을 이야기함으로써 아이디어를 주고받는다. 만일 마이애미 해안에 석탄업자가 살고 있다면, 그의 이야기를 주의 깊게 들어주는 사람은 별로 없을 것이다. 그곳에서 석탄은 필요한 물건도 아니고 캐내지도 않기 때문에 다른 사람의 관심을 끌기엔 아무래도 적절하지 못하다.

만일 당신이 연예계로 진출할 꿈을 갖고 있다면, 도시로 가야 한다. 보통 당신이 성공하려고 마음먹고 있는 분야에서 성공한 사람들이 많이 있는 곳에 가면, 성공의 기회도 빨리 다가오는 법이다. 성공이라는 이름의 새는 떼를 지어 날아다니는 것이다.

조 루이스는 복싱의 세계 챔피언이 되겠다고 마음먹었다. 당연히 그는 예술가들의 주위를 어슬렁거리거나 하는 짓은 하지 않았다. 그는 많은 프로 복서들이 모여 사는 곳으로 향했다.

조 디마지오는 야구 선수가 되려고 마음먹고 있었다. 물론 그는 댄스 홀을 어슬렁거리는 짓은 하지 않았다. 그는 야구장에 가서 선수들과 같이 먹고 잠자고, 그들과 친하게 지내려고 노력했다. 만일 당신이 세일즈맨으로 성공하고자 마음먹었다면, 그 지방의 가장 큰 세일즈 회사에 들어가거나 세일즈에 관한 책을 읽으며,

유능한 세일즈맨과 친하게 지내야 한다. 그렇게 하는 것이 최고의 세일즈맨이 되는 지름길이다.

공장 노동자라면 윗사람들의 행동을 주의 깊게 관찰하는 습성을 가져야 한다. 그들을 이해하려고 노력하라. 그들이 잘난 체하며 거드름 피우는 이야기를 귀담아듣고 언제나 그들과 함께 있도록 해야 한다. 이윽고 당신은 그들의 사고 방식에 동화되고, 자신도 그 자리에 오를 수 있는 방법을 알게 될 것이다.

의과 대학에서 보석상이 하는 일을 배울 수는 없다. 《소설 창작 기법》이라는 책을 읽었다고 해서 의사가 될 수는 없다. 의사들은 끼리끼리 모이는 장소가 있다. 소설가들도, 재벌들도, 모피 코트를 입은 여자들이나 캐딜락을 타고 다니는 남자들도 무리를 지어 다닌다.

당신이 성공하려고 마음먹고 있는 분야에서 성공한 사람들과 될 수 있는 대로 가깝게 지내려고 노력하라. 결코 그들과 한 몸이 될 수는 없겠지만, 그 거리가 가까우면 가까울수록 좋다.


많은 위대한 그림이 있지만 포드, 에디슨, 파이어스톤 세 사람의 위인을 함께 그린 그림도 그 중의 하나라고 생각한다. 그들은 친구 사이였다. 또한 그들은 대부호였으며, 그들은 저마다의 분야에서 성공한 사람이었다. 게다가 그들은 함께 있음으로써 성공의 아이디어를 교환할 수 있었다. 저마다의 성공으로 상대방의 성공을 도와 주었던 것이다.

캘리포니아의 어떤 사내는 평소 건축 설계사가 되고자 했던 꿈을 버렸다. 그는 화가들과 교제하는 동안 그림의 매력에 흠뻑 도취된 것이다. 그는 개를 좋아했다. 개를 기르는 주인들과 항상 같이 있었기 때문에 그는 개를 그리기로 결심했다. 그리하여 상류 계급의 사람들을 위해서 7천 마리의 개를 그렸다. 그는 개를 기르는 부자들의 관심을 끌었다.

자신의 꿈을 실현시키는 것을 도와 줄 수 있는 사람들과 자신의 꿈을 결부시킨 이 영리한 사내의 이름은 E. 로버트 힐데브란트였다. 그는 오늘날 세계에서 가장 유명한 화가가 되었다.

여기에 상대방과 친근하게 사귀는 능력 덕분에 특이하게 성공을 거두었던 세일즈맨에 관한 이야기가 있다. 이 세일즈맨은 지금까지 워낙 생활 습관이 게을렀기 때문에 일정한 직업에 종사하지 못했다. 그러나 그는 일을 시작한 날부터 판매 기록을 깨기 시작했다.

그 이유는 다음과 같은 데 있었다. 그는 자신이 게으르다는 것을 잘 알고 있기 때문에 한 번의 방문으로 고객들에게 강한 인상을 남기려고 했다. 경험 있는 친구들로부터도 도움을 받았다.

그는 성공한 동료가 이야기하는 판매 기술을 마음속에 새겨두었다. 그것은 상품을 살 가망성이 있는 손님의 입장에 서서 항상 '만일 내가 손님이라면 어떤 것을 물어보고 싶을까?' 하고 자문해 보는 것이었다.

다른 사람의 이야기를 주의 깊게 듣는 습관을 들인 덕분에 시간이 흐를수록 그는 자신감을 얻게 되었고, 스타 세일즈맨이라는 평판을 얻게 되었다. 그러나 대부분의 뛰어난 세일즈맨에게 이런 원칙은 새로운 것이 아니다. 성공의 아이디어는 사방에 널려 있다. 만일 당신이 성공하기를 바란다면, 스스로 그것과 손을 잡으면 되는 것이다. 은행가의 그룹과 함께 있으면 은행업에 관한 아이디어가 그 속에서 수없이 쏟아져 나올 것이다.

집에 사람들을 초대했을 때 가장 곤란을 느끼는 것은 초대받은 당신의 친구들이 제각각 하는 일이 다른 경우이다. 그들 각자가 하는 일에 대해서 다른 사람들은 조금도 이해하지 못하기 때문에 분위기가 서먹서먹해진다.

그러나 같은 일을 하는 사람들을 한 방에 모으면 반드시 흥미로운 대화가 이어지게 마련이다. 성공은 성공을 낳는다. 성공은 번식하는 세균과 같다.

**야구 선수가 희망인 사람은 댄스 홀에 얼쩡거리지 않는다**

돈이 돈을 낳는다. 성공은 성공을 부른다. 돈과 성공은 서로 무리지어 다니길 좋아하기 때문이다. 당신이 성공하려면 마음먹고 있는 분야에서 성공을 거둔 사람들과 될 수 있는 대로 가깝게 지내려고 노력하라.

## 나이가 아니라 당신의 '업무 능력'을 판매하라

어떤 비즈니스 강사는 자신의 강의를 끝낸 뒤 10명 남짓 되는 사람을 만나야 했다. 그들은 강사의 부모 또래쯤 되어 보이는 사람들이었다. 강의 대상이 대부분 사회 초년생인 젊은 친구들이었는데, 이렇게 나이가 지긋한 이들의 방문은 자못 당황스러운 것이었다.

"내가 30년 전에 이런 방법이 있는 줄 알았다면, 분명히 성공했을 텐데…… 이제 너무 늦었어요."

그들은 강사를 찾아와 이미 시간이 너무 흘러 버린 탓에 자신들은 성공에서 너무 거리가 멀어져 있다고 슬퍼했다. 그러나 강사는 그 말을 듣는 순간, 나이와 성공은 아무런 관계가 없다는 것, 30년이란 세월을 너무 늦었다고 생각할 필요는 없다는 것, 그리고 대부분의 성공은 중년이 지나서야 시작된다는 것을 그들에게 알려주었다.

"휴스턴 비즈니스 학원의 경영자인 크라이드 필립스가 그 학교를 설립한 것은 아직 10대에 불과한 애송이 시절이었고, 학생 수도 단 세 명뿐인 한 학급짜리 학교였는데, 오늘날엔 학생이 무려 1,250명이나 된다는 사실을 아십니까? 인생의 반이 지나서야 그림을 그리기 시작했지만, 이제는 유명한 화가가 된 모우제 할머니도 있습니다. 그리고 헨리 포드는 중년이 지나기까지는 성공하지 못했습니다. 여러분도 이제 시작인 것입니다."

세계적으로 이름난 화가, 실업가 중의 몇 사람인가는 40세가 지나기까지는 실패자였고, 어떤 사람은 50세까지, 그 중에는 60세나 80세까지도 성공의 대열에 끼지 못했던 경우도 있다. 그들은 갑자기 성공하겠다는 결의를 품고 착실히 노력한 결과 마침내 성공을 쟁취했던 것이다.

연령은 결코 당신의 발목을 잡아당기는 장애물이 아니다. 스테이크를 지글지글 굽는 것을 누가 발명했는지는 알 수 없지만, '스테이크를 팔지 마라. 지글지글 굽는 소리로 팔라.' 는 성공의 구호를 만든 이는 스테이크로 성공의 반열에 올랐다.

식당 앞을 지날 때 지글지글 스테이크 굽는 소리가 난다고 상상

성공하려면 습관을 바꿔라

을 해 보라. 분명 그 소리는 그의 식욕을 자극할 것이다. 그리고 그 맛의 유혹을 못 이겨 가게 안으로 들어갈 것이다. 그는 분명 스테이크를 주문할 것이고, 맛있게 먹을 것이다. 이 가게는 성공할 것이 분명하다.

텍사스 주 달라스에서 식당을 운영하는 앤디 브로클스는 스테이크를 지글지글 잘 굽는 조리사를 많이 두고 있었다. 앤디의 아이디어가 성공을 하기까지에는 상당한 세월이 걸렸지만, 오늘날 그는 스테이크처럼 지글지글 사람이 들끓는 커다란 스테이크 하우스를 몇 개나 경영하고 있다.

군인이었던 젠 아스케니시도 꿈을 간직하고 있었다. 그의 꿈은 레스토랑에서 쓰이는 지글지글 굽는 스테이크를 담는 큰 접시를 만드는 것이었다. 그가 접시를 만들자 지글지글 굽는 스테이크가 손님들의 인기를 끈다는 사실을 안 레스토랑에서는 다투어 이 접시를 사갔다. 그 결과, 앤디는 50세가 넘어서 젠은 30세도 되기 전에 크게 성공했다. 한 사람은 지글지글 굽는 스테이크를 팔아서, 또 한 사람은 그것을 담는 접시를 팔아서…… 늙은이와 젊은이가 손을 맞잡고 인생의 성공자가 된 것이다.

나이는 성공과는 아무런 관계가 없다.

'당신은 지금 몇 살이나 되었을까?' 여기에 대해선 세 가지 답이 나올 수 있다.

첫째, 당신의 법적 연령.

이것은 당신이 세상에 태어난 때부터 지금까지의 세월을 가리키는 말이다.

둘째, 당신의 육체적 연령.

당신은 30세밖에 안 됐지만 육체가 쇠약해져 있을 수도 있고, 70세지만 아직 젊은 사람 못지않은 건강을 갖고 있을 수 있다. 당신의 '육체적 연령'은 당신의 '법적 연령'보다도 훨씬 중요하다.

셋째, 당신의 정신적 연령.

당신은 정신적으로 20세에 늙어 버릴 수도 있고, 60세가 되어도 원기 발랄한 기력을 유지할 수도 있다. 당신의 '정신 연령'은 당신의 '법적 연령'보다도 한층 더 중요하다. 그러므로 당신이 호적상 몇 살이냐는 별로 중요하지 않다.

자신을 현재 젊은 수사슴이나 송아지처럼 원기 왕성하다고 생각하는 사람은 결코 법적 나이대로 현재 65세라고는 할 수 없을 것이다. 이 세 가지를 전부 합쳐서 계산되는 나이가 진짜 당신의 나이인 것이다.

가령 로마 시대 같았으면 당신은 24세에 벌써 늙은이 축에 들었을 것이다. 그 시대에는 하찮은 질병이나 전염병 때문에 20세에서 30세 사이에 사람들의 수명이 결정되었다. 그런데 1900년 이후 인간의 수명은 놀라울 정도로 늘어나기 시작했던 것이다.

오늘날에는 여자의 경우 80여 세까지, 남자의 경우에는 그보다 2, 3세 아래까지 살 수 있을 만큼 의료 기술이 발달했다. 그나마 그것도 평균적인 통계에 불과하다.

만일 당신이 아직도 건강하고 정신 연령 또한 젊다면, 틀림없이 이 평균을 넘어설 수 있을 것이다. 사람들은 점점 더 오래 살 수 있도록 되어 있다. 통계에 의하면 역사상 지금까지 볼 수 없었던 1백 세 이상의 사람들이 점점 늘어가고 있다는 것을 알 수 있다.

보험회사 사람들도 이 숫자를 인정하고 있다.

'당신이 백만 달러 이상의 연간 수입을 갖는 최대의 기회는 당신이 80세에서 89세 사이에 있을 때에 돌아올 것'이라고, 오하이오 주립대학의 심리학과 팀이 최근 발표했다.

H. C. 레이먼 박사는 미국 심리학회의 연차 대회에 통계를 제출하면서 일반적으로 정치, 외교, 대학, 행정, 군대, 산업, 상업, 법원 등에서 두드러지게 뛰어난 인물들은 적어도 50세가 보통이라는 사실에 주목했다. 55세라든지 60세에 그 자리를 물러나도록 되어 있는 정년 제도는 사실 어리석은 짓이다. 당신은 아직 첫출발을 한 데 지나지 않는 것이다.

버나드 쇼가 일찍이 이런 말을 했다.

"젊은 사람들에 있어 한 가지 곤란한 점은 그 젊음이 헛되이 쓰이고 있다는 점이다."

만약 45세의 생일을 넘겼다면, 세상을 잘 살아가기 위해서 마음 속에 간직해 두어야 할 몇 가지 법칙이 있다.

첫째, 경험이 풍부한 사람을 구하고 있는 광고에 관심을 가져라.

둘째, 그 연령으로는 경험해 볼 수도 없는 일을 중시하는 광고에도 주의하라.

예컨대 어떤 광고에서 35세 미만의 사람을 구하고 있는데, 그 나이로는 천 명 중 한 사람 정도밖에 가질 수 없는 경험을 요구할 수도 있다. 때로는 당신이 '경험을 가지고 있는 데다가 나이에 비해서는 젊다.'는 이유로 그 조건에 맞아 일자리를 얻는 수도 있다.

셋째, 미래의 고용주와 이야기할 때는 당신 자신과 당신의 경험을 팔아라. 당신의 연령은 잊어버려야 한다.

넷째, 외모에 주의하라. 복장은 가급적 보수적인 이미지를 나타낼 수 있는 게 효과적이다. 젊게 보이려고 애쓰는 복장은 오히려 역효과를 초래한다.

다섯째, 건강 상태를 잘 유지하라. 필요하다면 식이 요법도 부지런히 시도하라. 비만을 주의하라. 그런 사람은 좋은 컨디션을 유지할 수 없다.

여섯째, 머리를 써라. 하지만 나이를 생각하게 하는 투의 행동을 해서는 안 된다.

## _ 당신의 나이가 아니라 능력을 팔아라

봉급 생활을 하기에는 나이가 너무 많은 사람일지라도 세일즈 분야에서는 아직도 활동할 여지가 남아 있는 수도 있다.

"내가 세일즈에 적성이 맞는지 아닌지 어떻게 알 수 있나?"

아마도 당신은 그렇게 반문할 것이다. 이 질문에 명쾌한 대답을 한다는 것은 좀 어렵다. 그러나 성공한 세일즈맨은 대략 다음의 세 가지 특성을 지니고 있다.

첫째, 외모이다. 물론 반드시 핸섬할 필요는 없다. 깨끗하고 단정하게 느껴지는 외관이면 충분하다. 당신은 특히 표정 관리에 힘써야 한다. 미소는 필수다.

둘째, 상대방을 기쁘게 해 주는 말을 할 수 있는 능력이다. 너무 아부하는 말을 할 필요는 없으나, 인간이란 자기 자신에 관한 말을 듣는 것을 좋아한다는 사실을 기억해 둘 일이다.

셋째, 사람들과 함께 있으면서 그들을 기쁘게 해 주고, 그들을 이해해 주며, 그들에게 봉사해 주고 싶은 욕망을 가져야 한다.

만일 당신이 세일즈맨이 되고자 한다면, 이 세 가지 법칙을 항상 기억하라. 세 가지가 다 마음만 먹는다면 금방 익숙해질 수 있는 것들이다.

다른 많은 사람들이 그랬던 것처럼 당신도 당신의 가장 좋은 점을 보여 주고, 가장 좋은 말을 하고, 가장 좋은 일을 할 수 있는 기술을 익혀서 열심히 일한다면, 반드시 성공하는 세일즈맨이 될 수 있다. 그리고 만일 당신이 좀더 자세한 이야기를 듣고 싶거든, 다음의 짧은 시를 주의 깊게 읽어보기 바란다. 이것은 훌륭한 세일즈맨이 되기 위해서 필요한 그 밖의 특징을 표현한 글이다.

깊이 생각하고
온화하게 말하고
많이 사랑하고
자주 웃음 짓고
열심히 일하고
인심 좋게 내 주고
즉시 지불하고
마음속으로 기도하고
그리고 친절히 대하라.

이것만으로 충분하다. 이 짧은 충고에 따르라. 그렇게 한다면 당신도 정말 성공할 수 있다는 것을 보증한다. 세일즈는 물론 다른 어떤 비즈니스에 있어서도, 그리고 생활에 있어서도.

그런데 은퇴할 나이에 새로 시작해서 성공하는 사람이 있을 수 있느냐고 반문할 수도 있다. 당신이 갖고 있는 최대의 자산은 바로 '업무 능력'이다. 업무 능력이야말로 당신의 노후를 보장하는 가장 큰 재산이다. 경험만이 줄 수 있는 그 지식을 활용한다면, 충분히 성공할 수 있다고 확언하고 싶다.

에디오 판자는 60세라는 이른바 '정년'의 연령이 된 후부터 영화와 TV 드라마의 멋진 스타가 되었다. 그러므로 회사에서 '20년 근속'을 기념하는 시계를 주면서 당신의 등을 밀어 내더라도 절대 기죽을 필요는 없다. 당신에게는 이제부터 15년, 20년, 30년의 인생이 기다리고 있는 것이다. 정년 퇴직을 했다고 해서 한가롭게 낚시나 하면서 여생을 보내려고 생각하지 말아야 한다. 그런 짓은 이내 싫증이 나는 법이다.

얼마 동안은 여행을 하는 것도 좋겠지만, 앞으로 20년 간 여행만 하고 있을 수도 없을 것이다. 비록 퇴직을 했더라도 당신 자신의 마음까지도 사회로부터 은퇴해서는 안 된다. 그것은 인생의 종말을 의미한다.

당신은 '팔 수 있는 능력'을 필요로 하는 모든 사람에게 강매하라. 그렇다, 모우제 할머니의 성공을 떠올리며, 앞으로 나아가는 것이다.

### 60세도 늦지 않다

미래의 고용주와 이야기할 때는 당신 자신과 당신의 경험을 팔아라. 당신의 연령은 잊어버려야 한다. 당신이 갖고 있는 최대의 자산은 바로 '업무 능력' 이라는 사실을 기억하라.

성공하려면 습관을 바꿔라

## 능률적으로
## 일하라

 일을 효과적으로 하기 위한 가장 좋은 방법은, 함께 일하고 있는 동료들과 협력하는 요령을 익히는 데 있다. 노동자의 90% 이상은 그들에게 할당된 일에 실패를 가져오게 하는 이유가 일에 대한 지식이나 기술적인 문제라기보다는, 다른 사람과 '손발이 맞지 않았기' 때문이라는 사실을 스스로도 잘 알고 있다.

 가족끼리도 마찬가지이겠지만, 함께 일을 하고 있는 사람들과도 잘 해 나가기 위해선 아침을 잘 시작해야 한다. 누구든지 그날 처음 만나는 상대에게는 마음에서 우러난 미소를 지으면서 '안녕하십니까?' 하고 붙임성 있게 인사를 건네 보라. 활기 찬 인사는 다른 사람의 기운을 북돋워 주는 묘약과 같은 작용을 한다. 밝은 미소는 사람의 마음을 환하게 밝혀 주는 햇살 같은 것이다. 이제 당신은 상대방의 마음을 당신의 일상 속으로 자연스럽게 끌어당긴 셈이다.

가벼운 마음으로 잠자리에서 일어나 밝은 미소로 하루를 시작하라! 상투적으로 들릴지 모르겠지만, 대개 성공에 관한 격언은 모두가 그렇다. 어쨌거나 그날의 컨디션을 결정하는 데 가장 큰 역할을 하게 되는 것은 미소라는 것을 항상 기억하라.

당신의 미소를 세면장에서 웃음 지었을 때의 크기 그대로 하루 종일 유지하라. 다른 사람에게 미소를 지어 보이기 전에 한 번 더 몰래 해 보는 것이다. 그리고 나서 당신이 만나게 된 최초의 상대에게 미소를 던져라. 그리하여 하루 종일 그 미소를 계속해서 짓는 것이다. 버스 기사로부터 회사 경비원에 이르기까지, 중역에서부터 가끔 찾아오는 손님에 이르기까지……. 미소는 전염성이 강하기 때문에 사방팔방으로 번져 나갈 것이다.

만약 당신이 찌푸린 얼굴로 불평을 하면서 하루를 시작한다면, 주위 사람들은 거울에 비친 당신의 모습처럼 찌푸린 표정을 반사시킬 것이다. 결국 당신의 하루는 망쳐 버리고 만다.

일단 마음속의 콧노래로 하루를 시작하라. 그리고 나서 그 콧노래를 하루 종일 계속하는 것이다. 유쾌한 기분을 오전 10시의 커피 타임까지밖에 유지할 수 없는 사람은 그 시간 이후엔 영락없이

다른 사람과 트러블을 일으키게 마련이다. 일단 당신은 경쾌한 고음의 멜로디로 감정을 조율하고, 그 가락을 하루 종일 유지할 수 있도록 노력해야 한다.

당신은 하루의 약 3분의 1을 동료들과 함께 지내야 한다. 이것은 당신의 인생에 있어서도 큰 부분이다. 그러므로 그들과의 시간을 크고 뜻 있게 보내야 한다. 설사 언짢고 맥이 빠지는 일이 있다고 하더라도 다른 사람에게는 눈치채지 못하게 하는 것이다.

웃어라, 그리고 익살스럽게 행동하라!

## _ 먼저 주고 나중에 받아라

당신 주위에 있는 사람이 행복하다면, 당신도 행복해지게 된다. 먼저 그들을 행복하게 만들어라. 이윽고 그들은 당신 주위에 모여들기 시작하고, 당신의 등을 토닥거리게 될 것이다. 근본적으로 심성이 비뚤어진 사람은 남을 행복하게 해 줄 수 없다.

두 번째 단계는 '주고 난 다음에 받도록 하라.' 는 것이다.

누군가가 담뱃갑이나 지갑을 떨어뜨렸을 때는 '멍청하군!' 하고 흉을 보기보다는 잠자코 주워 주어라. 다음번에는 당신이 그와 같은 멍청한 실수를 하게 될지도 모르는 일 아닌가.

연필이든 연장이든 동료가 찾고 있는 물건을 당신이 먼저 발견했다면 얼른 건네 주어라. 그런 뒤에 당신은 얌전히 자리에 앉아

다가오는 그 사람의 호의를 받아들이기만 하면 된다. 약간은 이기적으로 보이는 태도일지도 모르겠지만 상관없다.

조 브로스넌은 한때 인터콘티넨탈 호텔에서 광고 업무를 담당했다. 그는 어딜 가나 입버릇처럼 하는 얘기가 한 가지 있었는데, 같은 호텔에서 잡역부로 일하는 사람을 통해 '먼저 주고 난 뒤에 받는' 즐거움을 알게 되었다는 것이었다.

잡역부는 조금 모자란 사람이었다. 조 브로스넌과 그의 동료들은 항상 그를 어린아이 취급을 하며 놀려댔다. 때로는 장난이 너무 심해서 그를 무시하는 것처럼 보일 때도 여러 번 있었다. 그러나 그는 나름의 독특한 처세술을 통해서 그것을 극복했다고 한다.

브로스넌의 이야기를 자세히 들어 보도록 하자.

광고 일을 맡아 출근하기 시작한 지 이틀째 되던 날, 그 잡역부는 도시락에 여분의 애플파이를 가지고 왔다. 그는 그것을 동료에게 나누어 주었다. 다음 날은 배였고, 그리고 또 다음 날은 초콜릿, 날마다 그는 함께 일하고 있는 누군가에게 나누어 줄 무엇인가를 가지고 왔다.

가져온 음식이라고 해야 대단한 것도 아니었다. 기껏해야 캔디나 과자 같은 하찮은 것이었다. 그런데 다른 사람들은 차츰 그 잡역부의 선의에 보답하려는 마음을 갖게 되었다. 그들은 어머니가 손수 만든 샌드위치 등을 가지고 왔다. 가끔 파티 등에 초대하는 경우도 있었다. 이윽고 그들은 이 잡역부가 사실은 조금 모자란 사람이었다는 것은 잊어버리고 말았다.

그들은 차츰 그 사람이 사무실에 없어서는 안 될 중요한 인물이라는 생각을 하게 되었다. 그가 없으면 아무래도 사무실이 텅 빈 것처럼 느껴진다고 말하는 사람도 있었다.

'주고 난 다음에 받도록 하라.'

그 잡역부는 이 교훈을 성실하게 수행한 결과, 타인의 호감이라는 가장 큰 선물을 얻었다.

이 책에서 여러 번 강조한 바와 같이, 친구를 빨리 잃게 되는 지름길은 '완전무결한 사람'이 되는 것이다. 말하자면, 타인의 우상이 되고 싶어하는 것이다.

우리는 간혹 일요일에 외출복을 입은 아이들이 길모퉁이의 약국 앞에서 새 옷을 자랑하려고 뽐내며 걷다가 미끄러져서 뒹구는 것을 보고 기뻐한다. 영화에 등장하는 돈 많은 노인이나 우아한 미망인이 케이크 세례를 받는 것을 보고도 배꼽을 잡고 웃는다. 그것이 보는 사람의 기분을 좋게 하기 때문이다.

물론 남의 불행을 보고 기뻐하는 것은 좋지 않은 일인지도 모르지만, 지나치게 완벽한 상대를 경계하는 것은 어쩔 수 없는 인간의 심리인 것이다. 지나치게 완벽한 모습으로 교만한 인상을 주느니, 차라리 겸손하게 상대방의 능력을 인정해 주는 편이 훨씬 현명하다. 지나치게 맑은 물에는 고기가 살지 않는 법이다.

## _ 즐겁게 일하라

아침부터 퇴근 시간까지 하루를 짧게 하는 좋은 방법이 있다. 상사의 눈을 적당히 속여서 15분 가량 늦게 출근하고, 오후에는 15분 가량 일찍 퇴근하는 것이다. 또 점심 시간을 5분 가량 연장시키는 것이다. 그러면 하루의 최소한 30분 이상을 남들보다 짧게 보내는 것이다.

그러나 그런다고 해서 하루가 짧아지는 것은 결코 아니다. 오히려 하루가 점점 더 길게 느껴질 뿐이다. 그런 짓을 할 때마다 당신은 필요 이상으로 시계를 의식하게 되기 때문이다.

시간이 가기만을 기다리고 있으면, 주전자의 물이 끓기를 지켜보고 있을 때처럼 지루함이 가중되고 온 신경을 집중시켜야 한다. 영리한 직장인은 노동 시간을 짧게 하고, 자기가 하는 일에서 지루함을 없애는 가장 효과적인 방법을 알고 있다. 그는 일하는 시간을 휴가처럼 즐겁고 재미있는 시간으로 연출할 수 있다.

농담이 아니다. 그것은 가능한 일이다! 분명히 요령은 있다. 그것은 '시간의 마법' 같은 것이다. 이를테면, 우리는 일곱 시에 파티에 참석해서 심야까지 놀더라도 지루한 마음이 전혀 들지 않는다. 그 시간은 거의 하루의 노동 시간과 같다. 그러나 흥미롭고 즐거운 시간이기 때문에 쏜살같이 지나간다.

어떤 일에 마음을 빼앗기면 시간은 금세 지나가 버리고 마는 것이다. 바로 그러한 기분을 사무실에서 느끼는 것이 일을 흥미롭게 하는 요령이다.

**흥미롭고 즐거운 시간은 쏜살같이 빨리 지나간다**

내가 하는 일에서 기쁨을 발견하라. 간혹 괴로운 일도 있을지 모르지만 그런 때조차 상황을 유연하게 받아들이는 마음을 갖고 있기만 한다면, 충분히 즐거운 하루가 될 수 있다. 일에서 고통을 제거하고, 즐거움을 남겨두는 요령을 익히는 것이다.

## 건강을 잃으면
## 전부를 잃는 것이다

'병은 기분으로부터 온다.'고 하듯, 병원을 찾는 사람의 절반 이상은 병에 걸린 것이 아닌 경우가 많다고 한다. 대개 이런 사람은 의사의 치료나 약에만 의지할 뿐 자기 스스로 고쳐 보려고 하지 않기 때문에, 처음부터 병에 대한 저항력을 잃어버린 경우이다. 어떤 병마와도 싸워서 이길 수 있다는 각오만 있다면, 충분히 그것을 극복할 수도 있다. 그것을 바로 '정신의 힘'이라고 하는 것이다.

어느 나라의 왕이 궁궐에서 백성들을 위해 성대한 파티를 열기로 했다. 병 때문에 걸어서는 도저히 궁궐까지 갈 수 없는 어떤 환자도 가족의 도움을 받아서 길을 나섰다.

환자는 궁궐로 향하는 도중에 이제 더 이상 걸을 수 없을 만큼

지쳐서 나무 그늘 밑에서 쉬고 있었다. 그때 마침 가마를 타고 가던 왕의 시종이 나타나, 그를 궁전으로 데려다 주겠다고 말했다. 환자는 크게 기뻐하며 시종의 가마에 올라타고 궁궐까지 가게 되었다.

왕의 궁궐에 들어가 보니, 세상에서 보기 드문 재물과 보석들이 가득 담긴 항아리가 수도 없이 늘어서 있었다. 환자는 그것을 보고는 욕심이 났던지, 그 중 항아리 한 개를 가리키며 갖고 싶다고 왕에게 청했다. 왕은 쾌히 승낙하며,

"이것은 불가사의한 항아리로 그대가 원하는 것은 무엇이든지 나온다. 내 이것을 특별히 그대에게 줄 것이니, 소중하게 보관하라." 라고 말했다. 환자는 뛸 듯이 기뻐하며 그 항아리를 집으로 가지고 돌아와 가족들에게 각자 소원하는 것을 말하도록 했다. 환자의 가족들은 저마다 한 가지씩 소원을 말했다. 그랬더니 신기하게도 그 항아리에서 온갖 금은보화며 진기한 음식 등이 쏟아져 나오며, 가족들이 말한 대로 소원이 이루어지는 것이 아닌가! 환자는 정신 없이 기뻐하며 집에 친척들을 모아 놓고 잔치를 열어 많이 먹고 마시던 중 보물 항아리를 가지고 날뛰다가 몸의 중심을 잃고 쓰러지는 바람에 그만 항아리를 바닥에 떨어뜨리고 말았다.

깜짝 놀란 그는 산산조각이 난 항아리 조각을 긁어모아 원상태로 되돌리려고 애썼지만, 한 번 엎질러진 물은 다시 담을 수 없는

것처럼 결국 허사가 되고 말았다.

우리의 몸도 보물 항아리와 같은 것이다. 아무리 건강한 사람도 자기 몸을 함부로 여겼다가는 보물 항아리가 깨진 것처럼 만사를 그르치게 만들 수도 있다. '사람이 돈을 잃으면 조금 잃은 것이요, 친구를 잃으면 많이 잃은 것이며, 건강을 잃으면 전부를 잃은 것과 같다.'는 말이 있다. 건강은 재산을 주고 살 수 없는 것이고, 다른 사람으로부터 구할 수 있는 것은 더더욱 아니다. 다만 스스로 지키는 길밖에는 없는 것이 건강이다.

스스로 건강을 자부하는 사람이라면 적어도 일생에 한 번쯤은 자기 자신의 체력이 어느 정도 고통을 견뎌 낼 수 있는지 그 한계를 시험해 볼 필요가 있다. 한 번 극한 상황까지 자기 자신을 몰아넣은 사람이라면 대부분 어떤 난관이나 고뇌에 부딪히더라도 꿈쩍하지 않을 자신과 용기, 힘을 얻게 된다.

**건강을 잃는 것은 전부를 잃는 것이다**

어떤 병마와도 싸워서 이길 수 있다는 각오만 있다면, 충분히 그것을 극복할 수도 있다. 그것을 바로 '정신의 힘'이라고 하는 것이다. 스스로 건강을 자부하는 사람이라면 적어도 일생에 한 번쯤은 자기 자신의 체력이 어느 정도 고통을 견뎌 낼 수 있는지 그 한계를 시험해 볼 필요가 있다. 한 번 극한 상황까지 자기 자신을 몰아넣은 사람이라면 대부분 어떤 난관이나 고뇌에 부딪히더라도 꿈쩍하지 않을 자신과 용기, 힘을 얻게 된다. 용기와 신념의 밑바탕은 건강임을 잊지 말아야 한다.

## 오늘 하루를 마지막 날처럼 생각하라

　우리들은 과거를 돌이켜보고 그리워하거나 내일을 꿈꾸며 원대한 이상을 품기도 한다. 하지만 과거도 미래도 지금 현재 이곳에 있는 것은 아니다. 우리에게 확실히 존재하는 것은 현재뿐이다. 잘 생각해 보면 오는 날도, 오는 해도 모두 오직 지금의 연속이다.

　그러한 '지금'을 매일 매일 쌓아올려서 인간의 일생이 끝나는 것이지, 과거의 자신이 계속해서 현재의 자신이 되고 미래까지 계속되는 것은 아니다. 그러므로 현실에 충실한 사람만이 보다 나은 미래를 준비할 수 있다.

　현대인들은 늘 무엇인가에 쫓겨 다닌다. 갈수록 생활이 번잡해져서 모두 바삐 뛰어다니지 않으면 현실적으로 도태되어 버릴 수도 있다. 그러므로 지금 조용하게 생활을 즐기고 있다든가, 차분히 일에 몰두하고 있는 사람은 드물다. 하루 종일 이곳저곳 뛰어다니다 문득 뒤돌아보면 무엇 하나 정성들여 해놓은 것 없이 그저 적당히 끝내 버리는 경우도 있다.

'바쁘다(忙)'는 것을 한자로 풀이해 보면, 마음이 망했다는 뜻이다. 바쁜 것에 얽매여서 물건이든 마음이든 간에 내놓기를 아까워한다면 참으로 자기 자신이 보잘것없게 되고, 그야말로 정신적인 빈곤을 면치 못하게 되는 것이다.

가령 어린애가 '엄마, 이것 좀 해 줘.' 라고 어머니에게 말했을 때, '지금은 바쁘니까 나중에 해 줄게.' 라고 대답했다고 하자. 어린애는 즉시 그 자리에서 해 주기를 원하는데도 어머니는 언제나 뒤로 미루고 질질 끈다.

문짝을 고친다거나 유리를 갈아 끼울 경우, 목수나 유리 가게에 고쳐 줄 것을 부탁해도 재빨리 달려와서 해 주는 한가로운 사람은 별로 없다. 대개는 '네, 알았습니다.' 하며 일을 맡아 놓고서는 잊어버릴 즈음에야 겨우 와 준다.

언제나 바쁜 것에 쫓기고 있는 사람은 일을 하고 있는 동안에도 마음은 다른 것을 생각하고 있어, 자신이 일을 했다는 성취감을 느껴 볼 여유조차 갖지 못한다. 해야 할 일을 곧바로 하지 않으면 일은 자꾸자꾸 쌓여 버리고 만다.

'할 일이 있으면 즉시 하자. 일을 할 때에는 다른 것을 생각지 말고 오로지 일에만 전념하며, 놀 때에는 철저하게 논다.' 는 마음가짐이 없으면, 언제나 분주하게 몸을 움직이면서도 나중에 자신이 무엇을 했는지조차 알 수 없게 된다.

흔히 인생은 돌고 돈다는 말을 하지만, 인생은 언제나 현재뿐이며 단 한 번에 그치는 것이다. 만약 당신이 일이든 건강이든 간에 제대로 지키고 싶다면, 내일이 있다고 생각하는 마음을 먼저 버려라. 항상 오늘을 마지막 날처럼 생각하고 일이나 사람들과의 만남에 모든 정성을 다 바치지 않으면, 성공은 '그림의 떡'에 불과하다는 사실을 기억하라.

### 소중한 오늘을 살아라

만약 당신이 일이든 건강이든 간에 제대로 지키고 싶다면, 내일이 있다고 생각하는 마음을 먼저 버려라. 항상 오늘을 마지막 날처럼 생각하고 일이나 사람들과의 만남에 모든 정성을 다 바치지 않으면, 성공은 '그림의 떡'에 불과하다는 사실을 기억하라.

## 승진하고 싶으면
## 기대 이상의 것을 실천하라

당신은 승진을 원하는가? 아니면 좀더 많은 돈을 원하는가? 영리한 사람이 이 두 가지 일을 한꺼번에 이루는 것은 어렵지 않다. 그것은 급료 이상의 일을 한다고 하는 단 하나의 룰을 지키기만 하면 되기 때문이다.

이 말이 조금 이상하게 들릴지 모르지만 한 번 시험해 보라. 우리는 자신의 능력 이상의 급료를 받고 있다는 것보다는 급료 이상의 능력이 있다고 생각하는 편이 훨씬 행복하다. 그리고 당신이 인생의 불경기에서 해고되지 않고 견뎌 보고 싶다면, 월급 봉투의 내용보다도 항상 더 많이 일하는 사람이 되어야 한다. 왜냐하면 어떤 상사도 결코 당신을 놓치려 하지 않을 것이기 때문이다.

찰리 케르스타트는 시어즈 로버크의 회장이다. 그는 클라브랜드 지점의 지점장에서 남부 지역의 총지배인이 되었고, 오늘날에는 마침내 정상의 자리에 올랐다. 케르스타트가 처음으로 승진을 할 수 있었던 것은 항상 그가 급료 이상의 일을 했기 때문이었다.

"회사가 일한 것만큼만 지불한다면, 왜 그 이상의 일을 해야 하는가?"

그는 단 한 번도 그런 불평을 한 적이 없다.

케르스타트는 언제나 자기에게 요구된 이상의 일을 하는 사람이었다. 그로 인해 그는 늘 사람들의 주의를 끌었다. 그리고 마침내 어느 날 상사의 부름을 받게 되었다.

"찰리, 나는 현재 이곳에서 자네의 급료를 올려 줄 수는 없지만, 다른 도시로 전근을 보내 줄 수는 있네. 좀더 보수가 좋은 일일세. 어때, 한 번 해 보지 않겠나?"

물론 찰리는 전근을 택했다. 전근을 한 후로도 그는 변함없이 일을 했다. 사장이 된 지금도 그는 한결같이 일을 한다. 그것이 그를 지켜 주는 방패이며, 힘의 근원이기 때문이다.


기계가 망가지게 되면 수리공은 그 원인을 발견하기 위해 온갖 노력을 하게 된다. 그러나 유능한 수리공은 결코 화를 내며 망치로 그 기계를 때려 부수는 일을 하지는 않는다. 인간성을 문제로 삼을 경우에도 같은 원리이다. 당신 곁의 누군가에게 곤란한 문제가 일어났을 경우에는 앞장서서, '이봐, 너무 엄살을 떨지 마라구. 짜증이 나서 견딜 수가 없잖아.' 따위의 말은 결코 하지 마라. 이럴 땐 상대방이 고민하는 문제의 원인을 한 번 더 생각해 보는 것이 훨씬 인간적이다.

고민하는 그 친구의 부인이 병상에 있을지도 모르는 일이다. 만약 그렇다면 당신의 친절한 한 마디가 그의 기분을 위로하고, 당신의 신경을 거슬리게 하던 엄살을 중단시킬 수가 있을 것이다.

누구든지 남의 원한을 사는 것은 좋지 않은 일이다. 그것은 당신이 가질 수 있었던 것 가운데서 가장 값비싼 것을 포기해야 한다는 뜻이다. 그로 인해 승진이 희생될 경우도 있고, 경우에 따라서는 당신의 자리가 몽땅 희생이 되는 경우도 있다. 원한을 품는 대가로써는 너무나도 값비싼 결과가 아닐까?

## _ 자기 자리를 보장받는 세 가지 원칙

**첫째, 일을 앞에 두고 우물쭈물하지 마라.**

일을 주저하는 것은 지금 해야 할 일에 비해 두 배의 일을 하는 것과 같은 정도의 스트레스를 불러일으킨다. 노동 심리학 이론에도 이런 말이 있다.

'아무것도 하지 않는 것은 열심히 일하는 것보다도 훨씬 우리들을 지치게 한다.'

**둘째, 오락을 하는 것처럼 일을 즐겨라.**

일과 놀이 사이에는 커다란 차이가 있다. 놀이는 그 자체가 즐겁기 때문에 시간 가는 줄 모르고 몰두하는 것이지만, 일은 그것을 하지 않으면 안 되기 때문에 하는 것이다. 그러므로 일은 우리를 지치게 하고, 놀이는 우리를 쉬게 만드는 것이다. 그런데 일을 게임처럼 할 수 있다면, 얼마나 시간이 빨리 가겠는가?

톰 소여는 담벼락의 오물을 씻어 내는 데 이 방법을 사용했다. 그는 친구들에게 누가 가장 깨끗하게 담을 씻어 낼 수 있는지 게임을 하고 부추겼다. 그러자 개구쟁이들이 앞을 다투어 청소에 열중했고, 일을 순식간에 끝낼 수 있었다.

**셋째, 스타가 되어라.**

우리 모두 어떤 한 가지 분야에서는 스타가 되고 싶어한다. 이것은 심리학상의 이론으로도 증명된 사실이다. 서커스 무대나 영화, 텔레비전의 스타들은 자신의 일에 대한 자부심이 대단하다. 그들은 자기 자신이 스타라는 사실을 즐기고 있기 때문이다.

주부들에 대한 어네스트 디히터 박사의 연구 결과에 의하면, 요리 솜씨가 좋은 여성은 원래부터 요리하는 것을 좋아하는 사람이었다고 한다. 자신이 맡은 분야에 관해서만큼은 최고의 전문가가될 수 있다는 자부심을 가져라. 스타 의식을 갖고 모든 일을 주도하는 직장인은 결코 밀려나지 않는 법이다.

## _ 원망은 비싼 대가를 요구한다

빨리 성공한 사람들의 특징 중 하나는 사람들을 좋아한다는 것이다. 선천적으로 사람들 속에 있는 것을 좋아하는 타입들이며, 이들은 사람들이 무엇을 좋아하는지, 그리고 그들의 마음을 움직이는 것이 무엇인지를 알고 있다. 자연히 대인 관계는 원만할 터이다.

이런 사람과 일한다는 것은 기분 좋은 일이다. 따라서 사람들은 누구나 그런 사람들과 함께 일하고 싶어한다. 다음은 직장 동료의 성격 유형을 분류한 것인데, 당신은 이 가운데 어떤 타입에 해당하는지 생각해 보라.

### 〈친구를 사귀는 데 솜씨가 뛰어난 사람〉

사람들과 쉽게 친해지는 성격이다. 부드러운 미소, 반짝이는 눈동자, 이해와 동정심을 갖고 있어서 간혹 멀리 있는 고객들도 일부러 그를 찾아와 상담을 하곤 한다.

### 〈지도자형〉

이런 타입은 빠르고 기민하다. 사람들을 너그럽게 이해하고 있다. 자신의 실력 하나로 최고 정상에 오른 사람이다. 모든 이들에게 자연스러운 믿음과 신뢰를 심어 준다.

### 〈팔방미인형〉

이런 타입은 다방면에 재주가 있다. 건초 더미에서 바늘이라도 찾아 낼 수 있는 사람이다. 대개 자잘한 숫자의 계산에도 능하다. 아무튼 무슨 일이든 할 줄 아는 사람으로 통한다. 그는 모든 일을 진행시켜 가는 데 있어서 핵심적인 인물이다.

### 〈난폭한 사람〉

이런 사람은 절대 피해야 한다. 매사에 공포감을 조성하려는 성격이다. 자신의 약점이나 실패를 감출 수 없었다는 핑계로 당신을 못살게 굴 사람이다. 그는 열등감을 가지고 있는 것이다. 간혹 큰소리로 떠들며, 그것을 감추려고 한다. 그러다가 제풀에 꺾여서 비굴해지기도 한다. 그러므로 상종을 피해야 한다.

### 〈항상 찡그리고 있는 사람〉

이런 사람은 자기가 맡은 일을 항상 하찮게 여기고 있다. 자기는 더 중요한 일을 맡아야 할 사람이라고 생각하는 것이다. 그러므로 일에 불평을 하며, 게으름을 피우고, 명령에 항상 불복종해 업무를 진행하는 데 시간이 많이 걸린다. 이런 사람은 오래 회사에 머물러 있을 처지가 못 된다는 사실을 기억하라.

### 〈맺고 끊음이 확실한 사람〉

한 마디로 '분별이 있는 타입'이다. 참으로 이상적인 성격이다. 동료에 대해서도, 자신의 일에 대해서도 정직하다. 사회의 빛과 소금이라 할 수 있는 사람이다.

물론 이 밖에도 여러 가지 타입이 있다. 가령 무뚝뚝한 사람, 익살스러운 사람, 험담이나 불평을 즐기는 사람, 게으른 사람 등등. 그렇지만 당신 자신은 항상 평범한 타입이기를 노력하라. 그런 사람들이 일상 생활의 배경을 만들고 있는 것이다. 산업 현장에서 수레바퀴를 움직이고 있는 사람은, 천재나 발명가가 아니라 대개가 당신처럼 성실한 사람들이다.

사무엘 바우클렌은 세상에서 이보다 더 지루한 일은 없을 것이라고 생각되는 일을 하는 사람이었다. 쇠를 깎아 볼트를 만드는 선반공이었던 것이다. 그는 똑같은 볼트를 하루에도 수십 개씩 만들어 내야 했다. 매일 매일 같은 작업을 하루 종일 반복해야 했던 그는 어느 날, 이 지루한 작업을 '게임'으로 바꾸겠노라고 마음을 먹었다. 그는 동료들을 향해서 이렇게 제안했다.

"누가 가장 많이 볼트를 만드는가 내기를 해 보지 않겠나? 자넨 이걸 거칠게 깎아 보게. 그럼 난 자네가 넘겨 준 걸 정밀하게 다듬어 보겠네. 누가 더 빨리 일을 끝내는지 시합을 해 보자구. 만약 어느 한쪽이 먼저 지치면 서로 역할을 바꾸는 거지."

두 사람의 '스타'는 그 일을 즐기기 시작했다. 그것은 기술과 프라이드의 게임이 되었다. 그렇게 하루하루가 지나는 동안 작업 성과는 놀라울 정도로 발전했다.

사무엘 바우클렌이 도대체 누구인가? 그는 훗날 볼드윈 기관차 제조회사의 사장이 됨으로써 이 '게임'에 종지부를 찍었던 인물이었다. 남보다 앞서기 위해서는 그들과 어깨를 나란히 해서는 안 된다는 사실을 기억하라.

**자기 자리를 보장받는 세 가지 원칙**

첫째, 일을 앞에 두고 우물쭈물하지 마라.

아무것도 하지 않는다는 것은 열심히 일하는 것보다도 훨씬 우리들을 지치게 한다.

둘째, 오락을 하는 것처럼 일을 즐겨라.

일은 우리를 지치게 하고, 놀이는 우리를 쉬게 만든다. 일을 게임처럼 할 수 있다면, 얼마나 시간이 빨리 가겠는가?

셋째, 스타가 되어라.

자신이 맡은 분야에 관해서만큼은 최고의 전문가가 될 수 있다는 자부심을 가져라. 스타 의식을 갖고 모든 일을 주도하는 직장인은 결코 밀려나지 않는 법이다.

## 빠르게 출세하기 위한 여섯 가지 비밀

**첫 번째 비밀 : 당신의 판단이 잘못되었을 때는 곧 그것을 인정하도록 하라.**

이럴 때 당신은 상대방이 옳다는 것을 인정해 주는 것이 되며, 그것이 또 적을 만들지 않고 친구를 만드는 데 있어서 강력한 영향력을 행사하게 된다.

재빨리 이렇게 말하는 것이다. '제가 잘못 생각한 게 분명합니다.' 또는 '이거, 내가 실수한 것 같군!' 자신의 잘못을 시인하는 것은 결코 부끄러운 일이 아니다. 상대방이 정당하다는 것을 인정해 주는 것은 종종 사람들 사이에서 리더십을 유지하는 방법이 되기도 한다.

**두 번째 비밀 : "나는 당신을 신뢰하고 있습니다."**

사람을 기분 좋게 만들고 싶다면, 그리고 그로 인해 무언가를 얻으려고 생각한다면, 이렇게 말하라. '나는 당신을 신뢰하고 있습니다.'

**세 번째 비밀 : 사람들에게 자극을 제공하라.**

자극이 되는 어떤 계기를 제공하는 것이다. 어린아이라면 캔디, 장성한 아들이라면 승용차를, 어머니라면 최고급 레스토랑에서의 식사, 그리고 실의에 빠진 아버지라면 또 다른 무엇을…….

아랫사람들에게 보다 일을 잘할 수 있도록 자극을 주는 것이다. 설사 그것이 커피 한 잔이든 담배 한 개비이든 그것은 중요하지 않다. 당나귀는 눈앞에 당근이 매달려 있으면 빨리 달리게 마련이다.

**네 번째 비밀 : 무슨 일이든 뒷맛이 개운하도록 마무리지어라.**

케네디 대통령은 그 자리가 아무리 서먹서먹한 경우라 하더라도 반드시 미소를 짓고 그 자리를 떴다고 한다. 세일즈를 할 목적으로 남의 집을 방문했을 때 협상이 생각처럼 잘 되지 않더라도 적어도 친밀감은 남겨 놓고 돌아와야 한다.

무뚝뚝하게 '됐습니다.' 라는 따위의 말을 입 밖에 내서는 안 된다. 언제나 '언젠가 다시' 라든가, '다음에는 꼭' 이라든가, '앞으

로 잘 부탁합니다.'라는 말을 남기고 돌아와야 한다. 그것이 비즈
니스든 사교적인 목적이든 상관없이, 당신의 방문에 친밀한 뒷맛
을 남겨야 하기 때문이다.


**다섯 번째 비밀 : 다른 사람의 잘못을 고치려 들지 말고, '도와 주
도록' 노력하라.**

상대방의 잘못을 재빨리 노골적으로 지적하지 말고 상대방이
스스로 바로잡을 수 있도록 부드럽게 조언하라. '그건 틀렸단 말
이야!' 하고 소리치지 마라. '좀 도와 드릴까요?' 혹은 '나는 그것
을 이런 방식으로 해왔습니다만, 어떤 사람은 이런 방법이 효과적
이라고 하더군요.' 이것은 친구를 얻으면서도 당신의 의향대로 상
대를 유도하게 되는 훌륭한 방법이다.


**여섯 번째 비밀 : 상대방이 여유를 가질 시간을 줘라.**

상품을 판매하는 일이든 친교를 다지는 일이든, 도중에 잠시라
도 상대방을 휴식하게 하는 것이 필요하다. 당신이 상품을 판매하
는 세일즈맨이라면, 물건을 팔기 전에 점심을 같이 먹으며 고객이
여유를 갖게 해 주어도 좋고, 재미있는 이야기나 상대방의 취미
생활을 화제로 삼아 유쾌한 기분을 만들어 주어도 좋다.

거래 전에 충분히 대화를 나누기 위해 일부러 반대 의견을 제시

해 보는 것도 괜찮은 방법 중 하나다. 미소를 짓는 것도 상대방을 휴식하게 할 수 있고, 자신이 편한 자세로 앉는 것으로 상대방을 편히 쉬게 할 수도 있다. 웃음도 휴식에는 크게 도움이 된다.

인도 캐시미르의 유명한 상인 사브하나는 자기 가게의 쇼룸에서 이렇게 말했다.

"나는 오늘 도저히 팔 기분이 아닙니다. 그저 구경만 시켜 드리겠습니다."

마음 푹 놓고 있는 개는 재주를 가르치기가 쉽다.


이 여섯 가지 단계를 잘 이용할 수 있다면, 당신이 여러 동료들을 이끌어가는 리더가 될 날도 멀지 않았다.

링컨은 가끔 이런 말을 했다고 한다.

"벌꿀 한 방울은 1갤런의 살충제보다도 훨씬 많은 파리를 잡을 수 있다."

링컨은 항상 부드러운 표현으로 사람들을 자기 생각대로 움직이는 재주가 있었다. 당신도 이와 같은 원칙에 의한다면, 사람들을 리드하고 자기편으로 삼을 수 있다. 수완이 좋은 변호사는 언제나 이런 말의 재치를 활용할 줄 아는 법이다.

"배심원 여러분, 아무쪼록 이 문제를 현명하게 처리해 주실 줄 믿습니다. 여러분은 특히 이와 같은 사실에 주의해 주시기 바랍니다. 여러분들의 고견으로 문제를 해결한다면, 틀림없이 좋은 결과가 나올 것이라 믿습니다만……."

이것은 상대의 지성을 모욕하는 일 없이 사실을 밝히고 찬동을 얻을 수 있는 빈틈없는 전략이다. 언제나 팽팽한 활은 곧 끊어지지만, 현을 느슨하게 해 두면 언제든 필요할 때 다시 쓸 수 있다.

## _ 이기주의를 극복하라

이기주의는 인류에게 죄라는 것이 생긴 시기만큼이나 오래된 것이다. 자기 자신의 이익에 대한 것만 생각하는 것은 항상 죄가 되었지만, 이기주의가 심리학자들에 의해서 사람의 인격 신장에 장애가 되는 것으로 주목받게 된 것은 비교적 최근의 일이다.

자기 본위적인 사람은 불필요한 에너지를 낭비하기 때문에 일도 잘 되지 않는 법이다. 당신 자신만 소중히 해서는 결코 마음의 휴식을 얻을 수 없다. 마음이 옹졸한 사람은, 스스로 자아의 좁은 우리에 갇혀 버린 사람이다.

이기주의란 결코 다른 사람의 행복을 바라지 않기 때문에 자기 자신도 불행하게 만든다. 다른 사람의 행복도 소중히 여겨라. 그것이 당신 스스로를 평화와 안정으로 인도하는 비결이다.

옛날 인도에 한 농부가 물을 끌어오기 위해 용수로를 만들었다. 그런데 그가 끌어온 물이 넘쳐서 이웃 논에까지 물이 들어가 벼가 잘 자랐다. 그러자 이 농부는 '왜 나는 이웃 사람의 농사까지 책임 져야 한단 말인가?' 하고 생각하게 되었다. 그리하여 이듬해에는 논물이 넘쳐나는 것을 막기 위해 자기 논 둘레에 제방을 높여 쌓 았다. 그 결과, 물이 넘치는 것은 막을 수가 있었지만 그의 벼는 썩고 말았다.

이기주의를 극복해야만 당신은 성공의 옳은 궤도에 오를 수가 있다. 당신이 다른 사람을 도울 때, 당신의 부를 나누어 줄 때, 자 신이 이야기하는 것보다도 많은 것을 들어 줄 때 당신은 성공으로 의 길목에 보다 빨리 진입하게 된다. 준다는 것은 당신을 크게 느 끼게 한다! 내가 아닌 '그 사람'에 대해서 생각하라.

인과응보의 법칙은 우리 삶의 질을 윤택하게 만드는 진리이다.

**빠르게 출세하기 위한 여섯 가지 비밀**

〈첫 번째 비밀〉
당신의 판단이 잘못되었을 때는 곧 그것을 인정하도록 하라.

〈두 번째 비밀〉
사람을 기분 좋게 만들고 싶다면 '나는 당신을 신뢰하고 있습니다.' 라 고 말하라.

〈세 번째 비밀〉

사람들에게 자극을 제공하라. 자극이 되는 어떤 계기를 제공하는 것이다.

〈네 번째 비밀〉

무슨 일이든 뒷맛이 개운하도록 마무리지어라.

〈다섯 번째 비밀〉

다른 사람의 잘못을 고치려 들지 말고 도와 주도록 노력하라.

〈여섯 번째 비밀〉

상대방이 여유를 가질 시간을 줘라.

성공하려면 습관을 바꿔라

## 양심의 바탕 위에
## 지식을 쌓아라

세계는 곧 젊은 세대의 것이다. 모든 나라에서 교육이 중요한 것으로 인식되는 이유도 이런 배경이 있기 때문이다. 청춘은 몸과 마음이 모두 건강하게 성장하여 생동감 있게 움직이고, 풍부한 상상력을 발휘하는 정열의 계절이다.

이 시절에 이루어진 덕성 교육은 성장한 뒤의 예의 바른 언동으로 표현되고, 이는 모범적인 인간으로 나아가는 중요한 조건이 된다. 만일 이때 지성과 인격을 제대로 습득하고 갖추지 못하면, 사회에 진출하는 것이 마냥 위태로운 모험일 수밖에 없다.

영국의 계관시인인 로버트 사우디는 이렇게 말했다.

"어떤 사람이 아무리 오래 살더라도 최초의 20년이 인생의 태반을 차지한다. 그 시절이 지나는 사이에 그렇게 생각했을 뿐 아니라, 지금 돌이켜보아도 역시 그랬다고 생각한다. 그 20년은 우리들의 기억 속에, 그 이후로 이어지는 모든 세월보다도 많은 자리를 차지하게 되는 것이다."

인간은 각자 완벽한 삶에 대한 나름대로의 이상형을 꿈꾸고 있다. 그것은 마치 대리석 속에 감추어져 있는, 조각가의 손에 의해서 세상 밖으로 나가기를 기다리고 있는 예술 작품과도 같다. 그러므로 차가운 대리석 덩어리에 생명의 온기를 불어넣는 것이 조각가의 목적이라면, 사람이라는 하나의 그릇에 보다 좋은 자질과 인성을 담아 주는 것이 교육자의 역할이라고 하겠다.

인간에 대한 교육은 태어나는 순간부터 시작되어 죽는 날까지 계속된다. 비록 육체적인 모습은 달라지지 않을 수도 있지만, 인간의 정신은 잠시도 변화를 멈추지 않는다. 그러므로 어떠한 제한이나 사회적 규칙도 인간의 성장을 간섭하지 못한다. 결국 한 인간의 무한한 잠재 능력과 가능성을 최대한으로 끌어 내는 것이 교육의 가장 숭고한 목적인 것이다.

학습적인 능력의 발달을 좌우하는 것이 무엇인지 단정적으로 말하기는 어렵다. 또 무엇이 사람의 감정 형성에 영향을 미치는지도 정확히 알 수가 없다. 다만 대개의 경우, 어릴 적부터 성격을 짐작할 수 있는 징후들이 나타난다.

아이의 의지로 이루어지는 행위들, 즉 좋고 싫음에 대한 표정의 변화나 생각에 잠긴 눈빛만으로도 대체적인 성격을 예측할 수가 있다. 그러므로 이 시기에는 무조건적인 지식의 습득보다는 보다 나은 인격의 바탕을 만들어야 하는데, 그 책임은 아이들을 교육하는 어른들에게 있다.

모든 종류의 교육은 일정하거나 절대적인 법칙을 가지고 있지 않다. 하지만 아이의 몸과 마음을 먼저 단련시킨 다음에 학문적인 지식을 가르쳐야 하는 것임은 틀림이 없다. 지식이 앞으로 아이가 살아가는 데 꼭 필요한 영양분이기는 해도 다른 것에 우선하는 것은 아니다. 건강한 육체와 잘 닦여진 마음이 조화를 이룰 때, 비로소 지식도 빛을 발하는 것이기 때문이다. 이처럼 올바른 양심에 따라 지성을 갈고 닦는 것은 모든 사람의 필연적인 의무이기도 하다. 그것은 자기가 속한 사회나 자신을 위하여 당연한 일이다.

어찌 보면 인생은 한 편의 참다운 소설과 같다. 저마다의 인생을 돌이켜보면 누구나 수많은 사연들을 가슴에 묻고 살아간다. 하지만 이러한 삶의 질곡 속에서도 씩씩하고 떳떳하게 살아간다면, 그 어떤 소설의 즐거움과 감동보다도 값진 인생을 살 수 있을 것이다.

**인간의 정신은 잠시도 멈추지 않는다**

인간에 대한 교육은 태어나는 순간부터 시작되어 죽는 날까지 계속된다. 비록 육체적인 모습은 달라지지 않을 수도 있지만, 인간의 정신은 잠시도 변화를 멈추지 않는다. 그러므로 어떠한 제한이나 사회적 규칙도 인간의 성장을 간섭하지는 못한다. 결국 한 인간의 무한한 잠재 능력과 가능성을 최대한으로 끌어 내는 것이 교육의 가장 숭고한 목적인 것이다.

## 성공을
## 관리하라

　토마스 우드로우 윌슨은 처음부터 미국 대통령으로 태어난 것은 아니다. 그는 적극적인 의욕을 가지고 태어났을 뿐이다. 그가 날 때부터 미리 '장차 대통령이 될 것이다!' 라고 운명지어진 것은 아니다. 젊었을 때 그는 평범한 사무원에 지나지 않았다.

　또 한 사람의 위대한 대통령이었던 허버트 후버도 '나는 대통령감!' 이라는 꼬리표를 달고 나왔던 것은 아니었다. 오히려 그 역시 사무원 출신이었다.

　지금 우리 주변에 있는 사람들 또한 '평범한 사무원' 에 지나지 않거나, 혹은 '별 볼일 없는 은행 말단 직원' 에 불과하다라고 생각해서는 안 된다. 그 사람이 차기 대통령이 되지 않는다고 누가

장담할 수 있단 말인가!

해리 트루먼도 잡화상 출신이라는 색다른 경력을 가진 대통령이었다. 그는 자기 자신을 대통령으로 만드는 데 세 가지 큰일을 했다. 그 세 가지 일은 당신이 이 세상에서 가장 꿈꾸고 있는 모든 일에 대한 준비를 갖추기 위해서도 중요한 일이다.

첫째, 해리는 자기 자신을 미국의 국민에게 강매했다. 그는 미소를 짓고 악수를 청하는 등 모든 사람들에게 허물없는 태도를 보여 주었다.

둘째, 그는 일단 선거를 위한 '득표 운동'이 끝나면, 재빨리 다른 곳으로 움직여야 한다는 것을 알고 있었다.

셋째, 그는 끊임없이 많은 사람들을 찾아다녔다. 만일 당신이 많은 사람들과 이야기한다면, 그 중의 어떤 사람들은 틀림없이 당신을 마음에 들어 할 것이다.

이것이 바로 '성공의 씨'를 뿌리는 해리의 전략이었다.

비즈니스에서 성공하려면 어떻게 해야 될까? 직장인들은 자신들의 고용주나 상사에 대해서 성공의 씨앗을 뿌려야 한다. 장래가

촉망되는 비즈니스맨은 부서장에게도 뒤지지 않을 만큼 일의 속사정에 정통해 있는 사람이다. 그리하여 훗날 때가 되면 당신이 부서장의 뒤를 이을 당연한 인물임을 부각시키는 것이다.

호텔 경영자인 스태들러는 평범한 사원들 중에서 적어도 한 사람은 사장으로 발탁하곤 했다. 호텔 경영의 천재인 힐튼은 국외자는 절대로 끌어들이지 않았다. 유명한 호텔의 경영자들은 대개가 프런트나 객실 담당으로 일한 경력이 있다.

미국 상품판매협회 회장으로 있는 봅 휘트니에 의하면, 판매 조직의 최고 간부 중의 82퍼센트는 예전에 세일즈맨이었던 사람들이라고 한다.

'주목하세요. 여기에 훗날 당신들의 회사 사장이 있소!'
라는 간판을 들고 태어난 사람은 아무도 없다. 그들은 성공의 발판에 오르려고 노력했고, 그 노력의 과정에서 자신의 능력을 알아주는 '제대로 된 친구들'을 만난 사람들이다. 그리하여 인생의 밑바닥에서 꼭대기까지 올라간 전설의 주인공들이 된 예를 우리는 과거의 역사를 통해서 얼마든지 만날 수 있다.

이제부터는 당신도 '제대로 된 친구'를 만나기 위한 몇 가지 방법을 몸에 익혀야 한다.

## _ 친구를 만드는 다섯 가지 말

먼저 당신은 친구를 만드는 다섯 가지 말을 기억해야 한다.

**첫째, 나는 당신을 만난 것이 행운이라고 생각한다.**

이것은 상대방을 득의양양하게 만들어 주고, 당신을 친구로 가진 것을 자랑스럽게 여기게 하는 가장 간결한 말이다. 그 말을 당신의 상사, 부하, 아내, 남편, 이웃 사람, 혹은 아이들에게도 자주 들려 주도록 하라.

**둘째, 어떻게 생각하십니까?**

상대방의 주의를 바싹 끌어당기는 위대한 말이다. 만일 당신이 뭔가에 대해서 그의 의견을 묻는다면, 회사 사장일지라도 그 자리에서 돌아다볼 것이다.

**셋째, 아무쪼록(부디)은 당신을 위해서 뭔가를 기꺼이 해 주도록 유도하는 세련된 화술이다.**

우리 모두 웬만한 경우가 아니면 '아무쪼록'이라고는 말하지 않는다. 당장 이 문제를 해결하라고 명령을 내리고 싶어하는 것이다.

**넷째, 고맙습니다.**

감사의 인사는 세계에서 가장 훌륭한 말이다. 다른 사람의 성의에 대한 고마움을 표시한다는 것은 그들에게 다시 한 번 당신을 위해서 뭔가를 해 주고 싶은 마음이 생기도록 자극하는 결과가 된다.

**다섯째, '당신이라면' 을 강조하라.**

이 말은 모든 말 중에서 상대방에 대한 존중을 나타내는 가장 강력한 말이다. 물론 가장 썰렁한 말은 '나로 말할 것 같으면' 이라는 것이다.

친구를 만드는 이들 다섯 가지 말을 가슴 깊이 새겨두는 것 외에도 당신이 기억해야 할 것이 또 있다.

## _ 친구를 잃는 세 가지 말

이번에는 반대로 친구를 잃는 세 가지에 관한 것이다.

**첫째, 말을 바꾸어 말씀드린다면.**

언제나 사물을 다른 말로 바꾸어 말하는 사람은 듣는 사람을 초조하게 만드는 법이다. 처음부터 올바르게 말하라. 그렇게 하면 당신은 하루 종일 그것을 다른 말로 바꾸어 말할 필요가 없을 것이다.

**둘째, 내 말이 무슨 뜻이냐 하면.**

당신은 이럴 때 상대방에게 이런 말을 하고 있는 것이다. '나는 말도 제대로 못 하는 바보입니다. 그러니까 다시 한 번 똑같은 말을 반복하게 해 주십시오.'

**셋째, 다시 한 번 분명히 말씀드리자면.**

이 말은 바로 '당신은 바보입니다. 그러니까 멍청한 당신을 위해서 다시 한 번 똑똑히 말씀드리죠.' 라고 말하는 것과 같다.

친구를 잃는 이런 표현은 피해야 한다. 당신이 만약 친구 관계의 실패를 초래하는 말 때문에 핸디캡을 짊어지고 있다면, 이 세상의 어떤 일에서도 성공을 얻기 힘들다.

또한 한 가지 표현을 계속하는 단조로움을 피해야 한다. 이야기가 끝날 때마다 '아시겠죠?' 라는 말을 붙여서 상대방을 초조하게 만들 필요는 없다.

'틀림없겠죠?' 라고 한 번쯤 말하는 것은 나쁠 게 없다. 그러나 하루 종일 이 말을 되풀이했다가는 상대방을 초조하게 만들고, 결국은 의심받는 듯한 느낌이 들어 당신을 불쾌하게 생각할 것이다.

'아시겠습니까?' 라는 말도 친구를 잃는 말이다. '반드시' 나 '절대로' 라는 말도 대화에서 세 번 이상 되풀이해서 나오게 되면 상대방을 질리게 만든다.

이렇게 해서 성공의 정상에까지 올라갔다고 가정해 보자. 그렇다면 모든 게 끝났다고 볼 수 있을까? 당신은 더 이상 친구를 만들기 위해서 노력할 이유가 없는 것일까? 정상에 올라갔다고 해서 친구 관계를 소홀히 하는 사람은 더 큰 적을 만드는 사람이다.

정상의 자리란, 사실 그것을 손에 넣기보다도 유지하기가 더 어려운 법이다. 그것은 마치 부자의 위치를 고수하기가 애당초 돈을 모으기보다 더 어려운 경우가 많은 것과 마찬가지 이치이다.

쉽게 손에 들어온 것은 쉽게 사라져 버린다. 이것은 돈에도 해당되지만, 일에도 해당되는 말이다. 성공의 정상에 올랐을 땐 제일 먼저 어려울 때 힘이 되어 주었던 친구를 생각하라. 돈을 잃는 것은 일부분을 잃는 것에 불과하지만, 친구를 잃는 것은 나에 대한 사람들의 관심을 잃는 것이다. 그 어떤 사람의 관심도 얻지 못하는 사람은 결국 모든 것을 잃게 되는 것이다.

**간판을 타고난 사람은 아무도 없다**

성공의 발판에 오른 사람들은 대부분 그 노력의 과정에서 자신의 능력을 알아 주는 제대로 된 친구들을 만난 사람들이다. 그리하여 인생의 밑바닥에서 꼭대기까지 올라간 전설의 주인공들이 된 예를 우리는 과거의 역사를 통해서 얼마든지 만날 수 있다.

# 성공하려면
# 습관을 바꿔라

개정판 1쇄 발행 | 2022년 05월 31일
개정판 3쇄 발행 | 2023년 11월 30일

엮은이 | 이범준

발행인 | 김선희 · 대 표 | 김종대
펴낸곳 | 도서출판 매월당
책임편집 | 박옥훈 · 디자인 | 윤정선 · 마케터 | 양진철 · 김용준

등록번호 | 388-2006-000018호
등록일 | 2005년 4월 7일
주소 | 경기도 부천시 소사구 중동로 71번길 39, 109동 1601호
        (송내동, 뉴서울아파트)
전화 | 032-666-1130 · 팩스 | 032-215-1130

ISBN 979-11-7029-214-2 (13320)

· 잘못된 책은 바꿔드립니다.
· 책값은 뒤표지에 있습니다.